颜值经济

女性价值成长必修手册

辰薇 著

中国文史出版社

图书在版编目（CIP）数据

颜值经济 / 辰薇著. -- 北京 : 中国文史出版社,
2021.6

ISBN 978-7-5205-3053-8

Ⅰ. ①颜… Ⅱ. ①辰… Ⅲ. ①女性—创业—经验
Ⅳ. ①F241.4

中国版本图书馆CIP数据核字(2021)第124407号

责任编辑：卜伟欣

出版发行：中国文史出版社
社　　址：北京市海淀区西八里庄69号院　　邮编：100142
电　　话：010—81136606　81136602　81136603（发行部）
传　　真：010—81136655
印　　装：廊坊市海涛印刷有限公司
经　　销：全国新华书店
开　　本：710mm × 1000mm　1/32
印　　张：8.75
字　　数：180千
版　　次：2022年7月北京第1版
印　　次：2022年7月第1次印刷
定　　价：52.00元

前言

我是一名创业女性，从事女性成长教育已整整12年。随着我个人的成长和事业版图的不断扩张，越来越多的人给我贴上了“成功女性”的标签。这个标签得之不易，受之更是异常沉重。

关于我的经历，在我的前两本书（《美在当下，形象管理》《美好，从美开始》）里和大家讲过，如果说那两本书是“术”的层面，在这本书里，我更想从“道”的层面与大家进行交流。

致命的打击　至诚的信念

我是一个幸运且喜欢折腾的人，我不停地折腾，让30岁的我收获了金钱、事业、名誉，仿佛该得到的都得到了……直到2018年的来临。

命运在我“而立之年”，给我了致命一击——死神带走了我的母亲。之前我从不信命，但那时却感觉，在冥冥之中命运仿佛早已安排了一切。

2018年年初的一天，妈妈突然打电话给我，说想我了。当时我在深圳出差，还要去上海出差一段时间，妈妈却几次劝我回家。最终我决定先回家看看。我把公司里的人都叫到家里，那是唯一一次人最全的聚会。我们一起吃热腾腾的火锅，喝酒畅谈，恣意欢快。

等到宴终人散，妈妈帮我送走了所有的人，她突然对我说：“薇薇，我有些头疼。”我说：“那咱们去医院吧。”

她说：“我先吃止疼片看看。”便掏出了白色的小药片，吃下去。

十几分钟后，她疼得唏嘘冒汗流泪，我人生中第一次拨通了120。坐在ICU门口，我觉得这一切都不真实，上一秒不是还在家里吗？这一定是梦！

我张皇失措地哭着，不停地用力拍打自己的胳膊：快！快点醒来！可残忍的是，这并不是梦。

12个小时后，医生走出来告诉我，妈妈永远地离开了。

我跌跌撞撞地去给妈妈买寿衣、穿寿衣，把妈妈推到太平间。

整个过程我都是浑浑噩噩的，脑子里只有一句话："我还没和她说最后一句话呢。"

为什么啊？她才54岁，我还要带她去旅行，和她穿得美美的去拍照，边开车兜风边唱歌。我有那么多计划还没有实现，老天为什么要带走她？

我和医生说，我要给妈妈化最后的妆。医生当即拒绝我，可是我态度坚决，绝不退让！因为我从没给她化过妆，这是第一次，也是最后一次，唯一的一次。

只有经历过，才知道这是一种怎样的痛，一切东西逝去了都有争取的机会，唯有人和时间不可以。

我经常会待在房间里，抱着妈妈的照片哭，哭着睡过去，睡醒接着哭。我用工作麻痹自己，公司业绩蹭蹭长，但我的心里却是空落落的。

那一年我几乎流尽了所有眼泪。我不停地回忆妈妈的一切，越回忆越心疼。因为家庭原因，妈妈是一个讨好型人格，时时刻刻想着别人，经常委屈自己，吃苦耐劳贤妻良母，却并不幸福。

她总说要把自己没得到的都给我，所以我从小到大读的都是当地最好学校、最好的班，同学们非富即贵，但我从不自卑。

因为我兜里从不缺钱花，吃穿用度绝不差，我自认为和他们没有区别。15 年前高考艺考，我在北京补课，一个月 12000 元，补了整整一年。可是后来我才知道，我的“不差钱”是妈妈用一切时间拼命工作换来的。

妈妈用单薄的身体支撑起女儿的自信、眼界、敢想敢做和对未来的向往。现在，我做到了想做的一切，但妈妈呢？

她想成为什么样的人，她的梦想是什么？我永远不会知道，也不再有机会帮她做到。

这份遗憾一直折磨着我，让我久久不能释怀。

一天，我决定做一件事情，让天下的女儿和妈妈都不再有这样的遗憾，妈妈可以理直气壮地活出自己，活出美丽。

女人可以不用一直做妈妈、做妻子，平凡而忙碌的生活中，更多地做自己。

于是我用一个月的时间写商业计划书、反复打磨，拉上我所有的资源和人脉，融入我全部的心血，这就是——美在当下。

人真正的死亡是从被遗忘开始的，我想对妈妈说，因为有了美在当下，您永远不会被遗忘。

我想给所有女性一个自由呼吸的地方

很多女性放弃自己的理由都是非常高大上的，为了家庭、为了孩子……我想说，没有人值得你放弃自己，因为牺牲只是自我感动，势均力敌才有说话的底气。

我用了 9 个月时间，把美在当下做到 60W+ 的用户，原因很简单：真诚。

在做项目的时候，我几乎看遍市面上所有的女性成长产品，结果就只有两个字——失望。

所以，我给项目定下的第一个原则就是：只有自己有成功结果的人，才有资格站在美在当下的讲台上。

我联结了身边所有的优秀资源，市场人、媒体人、运营人、心理辅导师、化妆培训师……每一个都是行业内的顶尖行家。我和团队成员反复打磨课程，不仅想让学员美丽变身，更要秀外慧中，有底气、有能力活出自己。

提升女性价值 颜值产生经济

外在懂美：从培养审美开始，提高“美商”，懂得自己适合什么风格，选择与之搭配的衣服和妆容。变美，从改变形象开始。

内在生慧：心理学让女人更懂人性善恶，演讲让女人抓住事业机会，幸福课让女人更懂得经营家庭婚姻。有智慧的美丽女人，才会拥有幸福。

行之有礼：优雅端庄不仅体现在衣着，更体现在礼仪细节，餐桌礼仪、商务礼仪、社交礼仪，在重要场合上赢得关注，就是赢得机会，赢得成功。

财富有道：女性独立不仅需要思想，还需要金钱。提高财商，学会投资和理财，抓住事业上升机会，让自己有说“不”的底气。

一站式打造女性学习圈、事业圈、生活圈、社交圈。让女性拥有形象美、家庭美、语言美、事业美，全面提升女性价值，做幸福女人。

自项目成立以来，我们就一直致力于公益事业，我们的粉红力量一直在帮助女性、儿童，让她们可以得到更多的温暖。我们为珍爱儿童孤独症康复中心送去米面油、冬装羽绒服等生活用品；我们陪残疾儿童画画、折纸、翻绳、包饺子；我们和“喜憨儿”一起叠纸盒、聊天……我们的足迹遍布北京、天津、青岛……

终于，我们的努力也得到了社会的认可，更多的人知道我们，推荐我们，我也清楚看到自己身上沉甸甸的责任，我给自己一个努力的目标：在我 45 岁的时候，把美在当下做成纯公益的平台，让更多的女性活出自己的生命价值。

在这本书里面，我会结合自己的经验和市场规律，指引女性朋友在自我成长和创业过程中，如何确定方向、如何把握机遇、如何获得财富、如何运用经济思维看待事物、如何提升精神境界及如何保持持续学习的状态等，在这六大板块中，我会细化到每一个具体的问题，提出翔实可行的操作方法，也会配合实际的案例帮助大家来理解。这本书带给女性的不仅是如何自我成长和创业，它同时也像一位忠实的朋友，帮助女性将每一个生活与工作的细节落实到完美，这才是颜值经济时代的真谛。

帮助她人，成就自我。这也是我努力至今的初衷。

目录

» 第六章

持续学习，才是你终生的事业

独立，

女人才能灵魂挺拔

第一章

经济

你的时间，都用对地方了吗

时间在哪里，成就在哪里

迎面走来一个美女，你可能第一眼看到的便是她窈窕的身材和姣好的皮肤，不仅如此，一些颜值高的女生气质也特别出众。其实并不是所有的美都是天生的，每个人的外表一定是在后天的生活中不断积累形成的，你的生活习惯、成长环境、学习经历和后天保养其实都是构成你颜值的一部分。

美好的背后是日复一日的勤劳护肤、坚持不懈的健身锻炼、大量的阅读和学习等。正是这些微小不起眼的积累，才拉开了人与人之间巨大的距离。现在身边的人越来越重视自己的形象，我们在服饰、妆容、造型上花的钱也越来越多，因为美好的形象不仅能让自己和身边的人赏心悦目，还能收获更多机会。这一点在职场中表现得尤为明显，颜值溢价与求职面试、工资薪酬，乃至面试中的顺风顺水、工作中的绩效考核都有脱不开的干系。

简而言之，颜值对一个人的资源获取能力有较大的影响，而资源量则会影响一个人的成长。

当你重视什么，就会在这个事情上花费更多的时间，结果也是显而易见的。人生原本就是一场沉淀与积累的过程。我们所拥有的现在和未来，都是过去一次次的叠加和积累，而我们的一生，就是一个个片段叠加的总和。每一个片段的选择，都决定了我们拥有什么样的人生。

当你在刷无聊电视剧的时候，有人在博览群书；当你在对着微信朋友圈呵呵傻笑的时候，有人在为学习一门新的技能而挑灯夜读；当你在无用的人际交往中挥洒大把光阴的时候，有人在健身房里挥汗如雨；当你在梦中喃喃自语的时候，有人的一天安排已经拉开帷幕。我们总是在抱怨自己没有时间、自己的时间不够用。我却真正见过很多高效时间的利用者，他们有着非常高薪并且繁忙的工作，可他们还开着专栏，写着文章，经常去旅行，并且从未缺席过孩子的成长。

我们每时每刻都在用花时间的方式来雕刻我们的人生，我们使用时间的方式就是我们塑造自己的方式，因为我们手中握着的时间就是自己的刻刀和工具。

一寸光阴，未必一寸金

“颜值就是经济”，不仅适用于人，也适用于商品。随着社会经济的快速发展，民众消费能力逐年提升，年轻消费者成长起来，社会整体消费需求发生变化，不仅要求“有”，还要求“好”，促使商品市场走向多元化，质量优、颜值高的商品愈发受到青睐。“颜值经济”的兴起，就是对这一消费变化的诠释，也是消费群体年轻化、生活美学商业化、消费升级等大趋势的充分体现。

但是，大多数人都把时间花在“怎么挣钱”上，却很少花钱买时间用于审美趣味的提高。懂得将生活美学概念用于设计、生产商品里，让它们符合“颜值经济”标准的人，才是真正掌握了商业潮流命脉的人。

我们以前常常被父母和老师教导“一寸光阴一寸金，寸金难买寸光阴”，一定要好好学习，将来才能考个好大学，可长大后却发现我们的光阴都是在按月付费。同样一个月时间，有的人月入过万，有的人月入两三千，有的人却月入五六百，尤其是今年因为新冠肺炎疫情原因，很多人失业在家，收入甚至为零。可即便如此，大部分人还是会努力地选择“变现”之路，走在努力奋斗的旅途中，希望早日升职加薪、用最短的时间换取更多的钱。这看起来没有任何问题，可如果我们稍不注意的话，就会出现很大的问题。

比起花钱购买物质商品，大多数人更少花钱买时间。而这场突如其来的新冠肺炎疫情，波及各行各业，很多人心情沉重。你肯定也有发现，身边那些真正懂得“花钱买时间”的人，从未间断投资自我成长、保持学习，他们不仅不害怕风险的来临，甚至早早做好准备，以积极无畏的姿态迎接每一天的全新挑战。

不浪费时间给无聊的人

工作中经常遇到这样的问题：一位同事突然开口，让你帮他做一件有难度的工作。你心里在想这事很棘手，答应了，会影响自己的工作；拒绝，面子上过不去。这种情况下该怎样拒绝呢？先倾听，再说“不”。当同事提出要求时，先注意倾听，不要忙着拒绝。倾听能够给他以尊重之感，当我们接着婉转地表达拒绝的立场时，可以缓解对方的不满情绪。倾听的另一个好处是，我们可以清楚同事要求的内容。虽然拒绝了他的要求，却可以提出适当的建议，同事一样会感激你，甚至在你的指引下找到更适当的帮助。

懂得拒绝别人，你的时间才属于自己。遇到不近情理的人只是其次，重要的是，你的空间和时间，在某种程度上被无情地侵略了。每个人都有自己的独处空间，都有值得自己去做的事。我们要学会拒绝，不是拒绝那些卧病在床想要喝一杯水的请求，而是拒绝那些有手有脚有脑子，只要肯花工夫思考对策就可以自己搞定一切的懒人。他们寻求你帮忙的唯一动机就是觉得这件事好麻烦，如果你来做似乎简单一些，那就让你来？

10 分钟的效果

有个实验，叫“凡事提前 10 分钟”，很多人称它效果惊人。不少人看过后都纷纷表示说到了心坎里，说自己要是能提前 10 分钟，人生早就改写了：

如果提前 10 分钟起床，就可以从容地照照镜子整整仪容，出门时就不会那么狼狈了；如果提前 10 分钟出门，就不用担心上班迟到，不用担心扣工资，不用担心错过重要的会议内容了；如果提前 10 分钟准备会议资料，开会时就不会手忙脚乱，被点到发言时就不会吞吞吐吐，更不会被领导训了……

有不少成功人士都总结说，别小看这 10 分钟的时间，它不仅可以帮你避免很多麻烦，还可以帮你建立起良好的个人形象，是一笔非常划算的投资。

让你每天时间多 1 倍的秘诀

你有没有想过，时间管理，归根到底其实是认知系统的管理。下面这几条时间管理技巧，能让你每天的时间多出 1 倍不止。

1. 任何一项任务，将它分割成块——有意义、可执行、可操作的小模块。这样能使时间管理变得更简单。你只需要确保每个小模块顺利完成，每个模块的完成都会让你得到神经化学物质的满足。诺曼底登陆这样看似不可能的任务之所以能完成，秘诀在于它被巧妙地分割成了上千个小模块。

2. 某段时间内只做一件事情。多任务模式下，任务之间来回切换所消耗的能量会更多。专注于某一项任务，所消耗的能量更少，而且完成任务后，人也不容易感到疲惫，所消耗的神经化学物质也更少。大脑的唤醒系统偏好新奇的事物，也就是说，注意力很容易被新奇的事物所劫持。注意，一封未读邮件可以有效让你的智商降低 10 分。多任务还会让你想学习的信息进入到大脑的错误区域。

3. 不要压缩睡眠时间。睡眠过程中，大脑有三大信息处理程序：整合：把某个经历的单一元素或模块组合成一个统一的概念；同化：把信息整合到现有的网络结构中；抽象化：从例子中抽象出某个规律或规则。这三个过程对你的记忆力、认知能力提升非常重要。所以，有时候睡一夜之后，你可能发现昨天练习的某首曲子弹得更好了，有困惑的问题想明白了。

4. 别犹豫，从 1% 做起。做事前总想着要计划周全才敢下手，但事实上没有一件事能做到百分百的充足准备，预期想好 90%，不如立刻上手，从 1% 开始。如果遇到困难了，那就再说吧！不开始，怎么会有结果呢？这也是为什么睡眠不足会导致记忆力减退的原因——因为睡眠最重要的 90 分钟要么被干扰，要么从未出现。

5. 养成午睡的习惯。即便是四五分钟的小睡也能显著提高认知能力，改善记忆力，提高工作效率。小睡还能重新校准你的情感平衡，在愤怒和恐惧后，午睡能扭转你的负面情绪。

6. 拖延 =（完成任务所需时间 × 干扰指数 × 延迟指数）/（自信系数 × 任务指数）。

很多拖延行为，究其原因是由不同因素导致的。有些是因为启动困难；有些是因为计划困难，对完成目标所需的时间拥有不切实际的想法；还有些是因为缺乏计划，对执行过程中所需的物品材料准备不足。有时候你只是不知道从哪儿入手，这种情况下，如果能找个导师帮助你把问题拆分成多个部分，将对你很有帮助。

7. 让自己常沉浸在心流中，这是一种自动高效率的状态。当你专注于某项任务，任务目标明确、任务能够得到即时反馈、任务能力与你的能力恰好匹配时，心流就会出现。心流状态下，注意力被集中在有限的知觉领域，全身心投入，注意力与意识交汇。一旦你开始思考自己在干什么，你就脱离了心流状态，大脑里通常会有一种声音——“还不够好”；但你在心流中，你不会去想自己在干什么，大脑中又会出现一种声音——“我能解决”。

8. 外化信息。日历、智能手机、Todolist 都是大脑的扩展，帮你把信息外化到纸张或芯片，让你的大脑免于记忆无数细节。另外，还可以利用外部环境来减轻大脑记忆负担。大脑最不擅长记忆那些位置不断变化的物品的位置，这就是为什么我们记得牙刷在哪儿，却经常不记得眼镜放哪儿了。像钥匙钩、手机托盘、太阳眼镜专用盒之类的物品，都是外化信息的方式，可以让我们无须将所有事情都记在大脑中。

9. 清理大脑。每周专门拿一天出来，关掉电话，关闭邮箱和浏览器。在这期间，只做创造性的工作，其他杂事全部抛开。让自己进入一种心理状态：你现在正在做的事情就是最重要的事情。

10. 当有一个大项目需要完成。一个很重要，需要花好几个小时、好几天甚至好几周才能完成的项目，我们常常倾向于放下所有其他一切事情，将全部时间都投入这个大项目。但是这样做意味着我们无法处理许多小的任务，这样只会让小任务累积，给日后带来更大的麻烦。

11.5 分钟原则。如果某件事 5 分钟以内能完成，那么就立刻处理它。如果这些小事堆积起来，你的大脑会不停提醒你去做，而当你的大脑意识试着消除这样的提醒时，大脑会形成心理压力，导致你只会花更多的精力来让自己不去处理它们。实际上，这样的精力也许比你处理它们花的精力更多。如果有 20 件事，每件都只需要 5 分钟处理，但你现在只能抽出 30 分钟，那就将这些事情确定优先等级，决定它们是立刻处理、待会儿处理，还是直接放弃。

12. 客观计算你的时间值多少钱，这样你就能简化很多决定，而不需要每次都重新评估。你只需要遵循一条原则：如果我能花 ××× 元买一个小时的时间，这么做很划算，那么就花钱去做。当然，这里说的都是一些你不太喜欢的事情。比如，如果你是一个时薪 500 元的咨询师，那么花 100 元获得在机场免排队的贵宾待遇就很值得。

你的状态，能够专注做事吗

你想成为什么样的人

网络上的商品，要是连图片和视频都无法吸引你，就不要去谈什么购买的欲望了。这有点像我们去餐厅吃饭，要是菜谱上的“菜色”看起来没有“颜值”，你还会有食欲吗？

试想一下马卡龙没有多变的颜色，以及看上去肥肥鼓鼓的外观，还会受到你的青睐吗？有时候我们吃的并不是一餐饭，买的并不仅仅是一件东西，其实还是自己所喜欢的外形和颜值，消费者也是无形之中在为颜值买单。

同理，一个人想要获得更多的青睐和认可，除了在一个领域深耕细作之外，也需要“能打”的颜值。

一个人的命运完全掌握在自己的手中，你想成为一个什么样的人，想过什么样的生活，改与不改，什么时候改变，都完全取决于你自己。我们可以直观地感受到每个人的状态完全不同，有些人努力，有些人活跃，而有些人却颓废和迷茫……

你发现没有，生活中充满负能量的那些人，抱怨的东西几乎是不变的。跟他们聊天，聊不出任何新鲜的东西，要么先吹嘘自己的经历，吹嘘自己去过的地方，可那些事他自己已经提了无数遍，早已听到耳朵出茧；要么抱怨，抱怨工作，抱怨付出没有回报，抱怨别人只是运气好。这种人，永远在放大自己的付出，责怪整个世界没眼光。但是，也有些人总在闪闪发光，他们总是用自己的能力影响着周边的人，也改变着自己的境遇！因为他们清楚地知道，自己想要的和自己想要成为的。

乔治·道森一直是一个默默无闻的人，直到 90 岁时，他才猛然意识到自己的这一生都虚度了，他觉得他应该在这个世界上留下点儿什么。他随即进了扫盲班，开始学识字，学文化知识。后来他爱上了写作，并孜孜不倦地朝着这个方向前进，终于在他 102 岁那年，完成了自己的处女作《索古德的一生》。

你想成为什么样的人，就得做什么样的事。

改变你心理状态的十个建议

第一，你要明白你的大多数问题可以追溯到童年。我们多数的烦恼、恐惧和现有的缺点，其实都可以从童年找到根源。

尽管我们基本上不记得早年的经历了，但那些日子里某些特定的事，仍然留存在我们的脑海里，特别是自我的感受。当我们还是一个孩子时，只有通过感觉来探索世界，所有的事都依赖父母。试着回想过去，问你自己一些问题：我的父母是如何对待我的？他们又是如何彼此相处的？他们为什么采取这样的方式？

如果你能弄明白，为什么你的父母会这样做，你会更能原谅他们，并迈出一大步去接受自己的本来面目。如果你有一些人际关系问题的话，这将大有裨益。因为我们的父母是我们潜意识中给自己设立的人际关系榜样。诚实地面对自己吧，这样你就能解决问题。

第二，其他问题在于你的思维。如果你父母对你的培养很完美，那非常好。但这意味着你的问题来源于其他地方。它们就是源于你的思维。思考一下你内心的所有对白：质疑自己的决定；幻想如果自己做了不同的事结果会如何？试图弄明白，为什么有人以特殊的方式对待你？

这些想法改变了你的生活吗？一点儿也没有。我们无法解释他们的行为，因为他们是在不同于我们的环境中长大的，有自己的人生经历。当你试图去理解别人行动背后的动机时，你将自寻烦恼。当你为过去的错误感到自责时，不要忘了是你自己作的决定。因为在那个时候，你觉得那样做是对的。覆水难收，把它留在过去，然后从中吸取教训。

第三，开诚布公，不要评判别人。周围的人时常会犯错误，有些错误会影响到我们。如果你被谁伤到了，告诉他们你的感受。说话巧妙些，而不是说："你背叛了我。"一个更好的开口方式是说："我感到被伤害了。"假如第一句话是责问式的，只会使他人开启自卫模式，并开始与你争论。而第二句话则更有效，它唤起他人的同情，或许还有一丝伤你的愧疚感。你不仅诚实地表达了内心深处的担忧，还给予了他人表达自我的机会。

第四，更多地关注自己而不是别人的意见。与他人比较不会带给你任何好处，在你自己脑中你永远会输，这对任何人来说都是一样。正如我们前文所说，每个人都有自己的经历和背景，不同的外貌、个人价值和成就。这是每个人独特的地方。如果你受了某个人的启发，这很好。试着拥有一些属于自己的欲望和目标，而不是别的什么人的。当我们试着过上别人的生活时，就毁掉了自己的。所以我们需要更多地了解自己，创造自己的故事，做原创品总比做拙劣的复制品要好。

第五，走出你的舒适区。这听起来可能有点儿像陈词滥调，但仍是一条好建议。只要你踏出你的舒适区，并开始做事，做你从未想过自己会做的事。这也适用于生活的各个领域，如果你想寻找爱，就让自己出去遇见新的人。如果对工作感到厌倦，就多投简历，多去参加面试。没有人会突然出现，然后用一支魔杖将你的生活变成童话故事。如果你真的想改变生活，那就努力让改变发生。

第六，设定界限，不要让任何人越过。心理学家说：他们见过太多求助者，为修复与朋友和家人的关系而烦恼。无论是卧病在床的婆婆、苛刻的老板或者是不听话的熊孩子。答案都非常简单明确：划清界限，不要屈服。你不必做老好人，努力适应所有人，去放弃自己的渴望和期待。你完全可以学着拒绝。它不会让你成为一个坏人；相反，它会让你成为那种尊重自己的人，珍惜自己时间的人。再加上如果你一直忍耐别人的坏脾气，什么改变也不会发生。如果你坚持自己的立场，至少别人会开始尊重你。

第七，努力让每一天比昨天更好。时间是我们最重要的资源之一，但不幸的是，它流逝得比你想象的还快。当你不停地将事情推到明天，事情可能持续好几周、好几个月，甚至好几年。不要等待合适的时机，应该即刻行动，让你的生活每天变好一点儿。心理学家建议我们试着做一个清单记录下每天所做的事，思考它们中有多少是不必要、没有效率的。每天为自己设一系列小目标，你就会看到自己的进步。

第八，吸取你从事件中得到的经验。糟糕的经历，对于每一个人来说都是不可避免的。每一份压力都会将你带出舒适区，通过它你得到了新的经验。这会帮助你吸取教训，以免再犯同样的错。如果你努力看到好的一面，而不是沉溺于坏的一面，便能重整旗鼓，轻松向前。

第九，随它去吧！你一定知道这种感受：当你非常想让一件事情发生，但它就是不发生。这很难接受，但你必须放下。当我们试图改变某事，其实倾向于把事情做得过火，或者矫枉过正。做你力所能及的事，然后让事情自己解决。为了你不能改变和掌控的事情紧张是没有意义的。随它去吧，时间是一剂良药。

第十，做自己的朋友。做自己的朋友而不是折磨者。你应该时刻准备接受失败，接受自己力不从心的事实。不要落入心理陷阱，把事情想了一遍又一遍，为某件事感到悲伤难过。跳过它吧！这种自责与悔恨的恶性循环，根本就是自我折磨。你是陪伴自己度过一生的人。无论别人怎样赞美你，假如你不喜欢自己，你会很悲惨。

如何让你专注的事情更好

你听过“疑人偷斧”的故事吗？有个人发现自家修车用的千斤顶不见了，他十分怀疑（或者说，他“告诉自己”）是被邻居偷去了。找到证据证明是邻居偷了千斤顶变得很“重要”。于是，“叮”的一声，从此刻开始，能证明这件事的信息，优先通过感知被大脑收到。接下来，他确确实实地感觉，好像邻居家车的后轮刚刚换过，邻居以前不常锁门的车库似乎最近更多紧锁，邻居本人也常常从另一边绕回家里，似乎是为了避免和他照面……

反正所有迹象都非常明显地证明：这个邻居就是拿了他千斤顶的家伙。过了几天，没想到千斤顶又被找回来了，这让他大感意外，可怜的邻居被冤枉了。他很愧疚。从此刻起，“叮”的一声，大脑的工作方法又被改变了，只接受邻居不是小偷的信息。此时的他深刻地觉得——邻居的一切行为自然而然，完全没有小偷的迹象。

这种效应就叫作“不注意盲视”（Inattentional Blindness）。有所“专注”，就一定有所“不注”。人们常说“专注一点儿”，但也许他并不真的都明白，什么是专注，为什么专注，专注于什么。在这个世界上，信息的总量无限，而感官的“带宽”有限，人的大脑容量有限。所以，一般人不可能“感知”和“存储”你在“整个时间”轴上接触到的“全部空间”。所以，你的感官和大脑必须有所“筛选”。

什么是“重要”的，是一种意识，因人而异。认为什么是“重要”的，然后让网状激活系统对此作出反应，这是我们可以修炼的。对于重要的事情，不同的人，状态是完全不一样的。比如悲观的人说：我们去见的客户，刚刚换了CEO，以前的关系都要浪费了。乐观的人一拍大腿：太好了，我们终于可以有机会解决以前的失误，重新建立更好的关系，计划长远的合作了。

你看，他们两个人都很专注。但是两个人意识里认为的“重要”的事情显然不同，所以一个人专注于“问题”，而另一个人专注于“机会”。专注，就是认为什么更重要，并且以积极的状态应对，因为你的状态，在对同一件事可以产生完全不同的看法，进而导致完全不同的结果。

你的情商，愿意主动交出选择权吗

你的情商有多高

现在的人喜欢拍照留念，每天不发一次微信朋友圈就感觉有“一千根针”在不停刺着自己。互联网时代炫耀的方式很多，有的人炫富，有的人炫厨艺，有的人炫爱情，有的人炫工作，不同的生活状态有着不同的精神领域，不过有一点是可以肯定的，那就是一定要“好看”，这就催生了颜值经济的快速发展。

但总有人会在这个时候打击别人的好心情，譬如对别人穿着打扮评头论足，或者用自以为好心的建议，好为人师地教别人要怎样生活，这种人我都称之为没情商。

智商在一定程度上决定着一个人的能力，而情商却掌控着一个人的命运。卡耐基说过，一个人的成功，只有 15% 靠他的专业知识，而 85% 要靠他良好的人际关系和处世能力。情商高的人，清楚地知道自己要什么，能正确地找到自己的位置，做什么事都是有分寸的。观察我们身边那些特别给人好感的人，也都有一种让人舒服的分寸感。比如，当别人对你的问题回答得很模糊时，就不要再追问别人了。尤其是提了那种敏感问题，关于对方的年龄、收入，本来就不该问，有些人不仅问，还刨根问底，简直就是没礼貌。

网上聊天，当对方已经开始回“哈哈”“嗯”或者只发表情的时候，就意味着人家不想聊了，赶紧说再见吧。一般来说，情商高的人可以利用善于察言观色的优势和别人建立并维持长期关系，还可以通过和他人合作沟通的方式来解决他们面对的问题。而情商低的人，即使他们有很高的智商，较低的情商也可能制约了他的工作表现和事业发展。智商，在我看来，是能力指数；而情商，则是幸福指数。

现在社会，能力突出固然受人喜欢、尊重，但是超高的情商绝对是我们打破能力天花板，集聚更多社会资源，更好实现人生幸福目标的有力武器。

明确你的界限感

爱需要有适当的“距离”，但不要“疏离”；关系需要“界限”，但不要“局限”。即使是再亲密不过的伴侣，也是两个不同的个体。在生活和情感上有属于自己的部分，也有属于两个人共同的部分，这两个部分是需要共识和平衡的。人和人在一起，是需要有界限的，包括身体界限和心理界限。不论哪个界限，被人越界，都会让人感到不悦。糟糕的生活状况，往往是由于缺乏“界限感”造成的。一个人如果没有界限感，就会分不清责任担当、过度掌控或顺从、过度承担或依赖、想要改变别人而感到无力和沮丧。久而久之，生活就会变得一塌糊涂。

小时候曾一度以为，那些不分青红皂白关心你的人是“真正”对你好的人，长大以后发现，过于热情的人无一例外会让人感到不适。

经过时间的历练，可以总结出几个点：

远离那些特别热情的人，他们通常不懂界限是何物，或界限感很弱；自己要避免滥发善心与爱心；你以为占到的便宜或享受到的好处，总有一天要以另一种形式还出去。

理性的人都会认同一个观点：人生是一个人的“独角戏”。一个人就是一个单独的小世界，当我们跟其他世界产生交集的时候，什么是你的，什么是我的；什么是能做的，什么是该守住的，都需要清清楚楚，容不得半点儿马虎。很多人都认为关系好，就可以不分你我，就可以不问自取，或者借而不还，关系好就代表了许多的理所应当。

关系好，所以我就想让你按我的想法来，因为我这都是为了你好……然而不论是朋友、亲属还是爱人，再亲近也是两个相对独立的个体，也需要有底线和边界。事实上，谁会心甘情愿被对方吞噬，成为对方的一部分呢？

把选择权还给选择者

幸福感，就是拥有选择的权利。生活中我们经常看到这样一个现象：不少人喜欢把自己的“主观”意志强加在别人头上，遭到别人反抗后还认为别人不识好歹。这就好像是在表达一种狂妄无知的见解——别人总是没有自己的主见，必须由“我”来教导他们。老板想做经理的主，父母想做孩子的主。如此造成的直接结果是：经理如果不想辞职，就只好做下属的主以寻求心理平衡；孩子如果不想断绝亲子关系，就只好上行下效，“想要快乐，就要做别人的主”这种观念就会伴随孩子的一生。

我们这个社会，问题就出在这些所谓“成熟”的成年人给“互害模式”的滋生提供了土壤。换而言之，我们的孩子从小就在“弱肉强食”的意识形态下成长。这并非说我们在书本上不断强调“真善美”就够了，而是我们的行为更为真实地对“弱肉强食”进行了“言传身教”。

譬如，学习好的学生就是会受到优待，有权势的人就是会被人敬畏。老板就是可以对员工颐指气使，因为他们潜意识中认为员工是他们雇用的“长工”。父母就是可以随便左右孩子，因为他们认为孩子是自己的“私有物”。我们必须清晰地认识到，在这个世界上，没有任何一个人喜欢别人来做自己的主。一切的痛苦全都源于“我不能自主，因为别人想要替我做主”。

学会把选择权还给别人，是情商的最高境界。

你的专业，是爱好还是某个领域的高手

你可能输在思维方式上

我们说一个人很爱美，有人第一反应就是这个人注重打扮、护肤，而有些人却会认为这可能是一个特别有生活情调的人。这就是思维差异。爱美只局限于“脸”吗？如今，大家对颜值的追求已开启了全方位升级，不仅是面部优化，健身、瑜伽、美体、家居装饰等领域也受到大众的普遍关注。

思维差异决定了我们做事能到什么程度。同样一件事，你们都是从零开始学，但是有些人学得一般，有的人却很快取得成就，这中间的差异在于：你有没有学霸思维？

1. 追根究底

主要体现是你问他问题，他会理解得很透彻，从原理到应用。对于一般的学习者，只是理解书面上的意思，而原理是什么却没有思考，认为把书本上说的看懂就行。学霸们则对背后原理进行了继续研究，加深了理解，只有理解了结论背后的原因，你才能很好地掌握知识。

2. 知识结构化

当学霸重新讲解的时候，对于概念之间的关系，以及概念内在机构很清楚。而一般人不会进行系统的结构化的思考，只会浅层理解。

当问到一个概念与另一个概念的关系时，往往说不清楚。

3. 具有韧性

在思考问题上遇到困难的时候，学霸们还在继续思考，而不是放弃，这锻炼了他们思考的韧性、习惯和态度。大部分的时候，当我们遇到难题时，我们第一想到的就是放弃，或者求助学霸和百度。

4. 专注度高

学习的时候，学霸不会被周围干扰，依然专注在当前的学习上。而现在大多数人已经被手机影响了专注度，而不能一心地学习，时不时无意识地掏出手机。

输出是最好的学习

曾经看过一则报道：一位农民父亲，把儿子培养上了北京大学。有人请教他的教育方法，他的回答出人意料：我这人没什么文化，其实也没啥方法，我只不过是让孩子教我罢了！

原来，这位父亲小时候家里穷没念过书，自然也就教不了孩子什么，但他为了督促孩子学习，想出一个办法：每天等孩子放学回家，他就让孩子把学校老师讲的内容跟自己讲一遍；孩子做作业，他自己也跟着在旁边读读孩子的课本，弄不懂的地方就问孩子，如果孩子也弄不懂，就让孩子第二天去问老师。这样一来，孩子既当学生又当“先生”，学习的劲头就大了，学习成绩从小学到高中一路攀升。

输出式学习，是最有效的学习方式。其中有四个关键步骤：

第一步　选择目标

选择一个想要理解的概念，明确需要学习的目标。

第二步　模拟教学

设想一个场景：你面对的是这个领域的菜鸟，你要尝试给他们解释清楚这个概念，并且保证对方完全听懂。在这个过程中，你就会更清楚地意识到，关于这个概念你自己理解了多少，以及是否还存在理解模糊、讲述不清的地方。

第三步　查缺补漏

当你在讲述时有感到卡壳的部分，或者有的地方你无法解释的时候，就重新回到书本上找答案，把这个概念重新研究一遍，直到你自己领会顺畅，可以讲给别人为止。

第四步　简化表达

为了让你的讲解通俗易懂，简化语言表达，用你自己的语言，而不是用课本资料中的文字来照本宣科。或者可以和已有的知识建立一种类比的关系，以便更好地理解。

凡是能用钱买的其实都是便宜的

从公司到家的通勤方式有如下三种：

A：步行，0 元，120 分钟　　B：公交，2 元，60 分钟

C：打车，30 元，30 分钟

步行当然是最省钱的，但是要消耗 120 分钟，哪怕我们的时间真

的不值钱，但是如此大的运动量，你难道不回家多吃一个包子或者多洗一个澡？是不是我们付给公交车 2 元，更划算一些？

乘公交车看起来是最划算的，因为也确实是大部分人的选择。仅仅花了 2 元，并且公交卡还可以打折，在车上虽然常常没有座位，但依然可以戴着耳机听歌，从物理上隔离嘈杂的环境，让心灵享受自己的宁静。

打车看起来是最贵的，但是若你有私家车，不妨计算一下：首先假设路程是 10 千米，油费是 6 元，公司的停车费是 5 元 1 小时，30 元封顶；小区的停车费是 300 元包月，也就是 1 天 10 元，显性成本每天合计 46 元。隐形成本有打车就可以做自己的事情，但是开车需要专注无法分心，开车有违章和事故的风险，打车信赖司机就可以了……

相比坐公交车的同事，你可以更快到家，有更多的时间提升自己。那么你的未来可能就会比其他同事更值得期待。有的人可以为了一个渺茫的机会四处打听消息，硬着头皮学习，起早贪黑准备；有的人却把时间和精力放在冬天的公交车站，放在下车后那条依然离家很远的路上。

有的人吃不了奋斗的苦，便只能吃生活的苦。

市场价值是衡量一切的标准

所谓专业，就是将一件事做到了极致，达到业余人士无法企及的高度。有些人觉得自己喜欢舞蹈，便觉得自己应该往舞蹈领域发展。

然而，他们并没有接受过任何专业级别的舞蹈训练。这样的人比比皆是：他们总是在对爱好赋予太多的期许，以为只要是自己喜欢的，就好像做起来不费吹灰之力一般。

事实上，爱好的作用只是给人提供愉悦，而一旦成为职业，你就必须做到专业级别的水准才能靠它吃碗饭，这是起码的要求。判断你所掌握的一项技能，是处于爱好阶段还是专业阶段，就看它能不能产生市场价值。

尽早进入实战，让市场来检验自己的专业能力，才是提高的唯一捷径。

你的学习，怎么把读书这件小事转化为财富

为什么读书

现代女性的三大刚需——赚钱、变美、读书。对于她们来说，钱是底气，美是保障，读书是成长力。因为书本的意义不仅是学习知识，更多的是认识自己，塑造更美的自我。通过读书以至于变美，是为了取悦自己，给自己自信的力量，更是一种惬意优雅的生活方式。

读书可以改变一个人的气质。书读多了，容颜自然改变，许多时候，自己可能以为许多看过的书籍都成了过眼云烟，不复记忆，其实它们仍是潜在的。在气质里，在谈吐上，在胸襟的无涯，当然也可能显露在生活和文字里。

读书这件事很奇怪，有时候你读了很多书，什么都没记住。有时候你偶然看到了一句话，就因此改变了命运。著名作家麦家曾说，自己初中毕业的时候就不想上学了，是父亲的一句话，让他的人生发生转变。

那时候上高中要组织推荐，麦家觉得希望渺茫，也就放弃了上高中的想法。初中最后一个学期，国家恢复高考，麦家看到了读书改变命运的希望。开学之前，只读过一年私塾的父亲特意找麦家谈心，鼓励麦家不要放弃求学。万般嘱咐中，麦家深深地记住了父亲的一句话：

“家有良田，可能要被水淹掉，家有宫殿，可能要被火烧掉，肚子里的文化，水淹不掉，火烧不掉，谁都拿不走。”

这句话印象太深，成了麦家人生接受的第一个哲理，第一句“名言”。从此之后，麦家像换了一个人，刻苦学习，最后毕业班 98 人只有 5 个人考上了高中，麦家就是其中之一。一个人的改变，往往就是从一句话、一个故事、一本书开始的。

怎么读书

在寒冬来临前，松鼠会在窝里囤积大量的坚果，它坚信某天会用上这些坚果，但最后却很少会吃完它们。当这种囤积的行为发生在人类身上时，就会诱发心理层面的“强迫性囤积症”，就是我们所说的“松鼠症”。在现实生活当中，有很多人出于某种恐惧心理，通过不断囤积物品，以确保不时之需，但同时又不舍得扔掉那些囤积回来没有用的物品，最终形成一种“习惯性储存”的行为表现。

每天都在取快递，可是取回来的快递只是打开后新鲜一下，然后就没有然后了，但自己坚信这些东西以后有用；每个月都会买新衣服，因为看着这些衣服很好看，所以先买回来再说，坚信以后在合适的场合一定会穿，可是等衣服已经过时了，也没有再穿第二次……

人有一种心理，就是“拥有即心安”。意思是，在没有某件物品的时候，我们会产生恐惧、焦虑的情绪，一旦拥有之后，心里就会产生一种安慰感，而恐惧、焦虑的情绪就会消减甚至没有。

这就是很多人不停地买书，却从未好好受益的原因，因为囤书而不读书，是永远也没办法滋养你的人生的。从本质上说，读书是一件相当个人化的事情。那种想象中的、普适的读书方法，即或有，往往也是大而化之、没有多少实际效用的。所以每个人都有必要摸索、尝试适合自己的读书方法，下面是我个人总结的一些方法，大家可以借鉴一下。

第一个方法，将同类或相关的书参照起来读。

第二个方法，将历史年表和历史地图常备手边。

第三个方法，勤说勤写——找机会对你所读之书进行讲述或评论。

第四个方法，首先是要重视出版社，其次是要重视作者。

第五个方法，读书要有坡度。所谓有坡度的阅读，是指书目的选择必须对自己具有挑战性。大体说来，有一定难度、内容或叙述的角度比较新颖、能够引发思考、能开阔思路、会导致困惑的书都值得阅读。

读书记不住怎么办

刚刚读过的书，马上就忘记内容；特意细细品读的书，结果在记忆中没留下一丝痕迹；明明是一本非常精彩的书，但没过多久就回忆不起来了；或许你也有过这样的情况。这种“过目即忘”的读书，即便一年读 100 本书，最终也如竹篮打水，是在浪费时间。只有将书中的知识内化为自己的知识，促进自我成长，读书才有意义！

1. 做标记，高光重点，写注释

一些读者喜欢书页上干干净净，什么都没有，但我不行。我喜欢在书里书外都留下自己的印记，给书中的段落用荧光笔标注等，这给人一种这本书被彻底阅读的感觉。

标记和记笔记会让你产生一种主动阅读的感受。而且在这种方法下阅读，你永远不会迷失，因为你始终在思考。当你几年后重新拿起这本书，当初记下的笔记依旧会对你产生深刻的影响和震撼，足以改变你的一生。

2. 写书评

帮助整理思路：写书评可以帮你把杂乱的感受整理成符合逻辑的想法。当你回忆自己从书中学到了什么，你只需要看自己的书评就可以了。书评可以帮你更好地反思所学内容，你也可以添加很多参考书目，用以扩充所学内容。

强化记忆：在整理书评的过程中，你需要用自己的话重复书中的观点，在这个过程中你相当于重新学习了一遍书的内容，可以起到强化阅读的效果。当然，如果你想回顾书中的原文，可以看自己标注过的书页。

和其他读者产生联系：你可以把自己的书评放在豆瓣或者某些网站的读书频道上面，在这里你可以和成千上万的读者分享自己的感悟。有时候其他人会给你的书评写评论，你由此可以找到很多志趣相同的朋友，或者学习到一些新的观点和思路。

增强写作技巧：为你看过的每本书撰写评论，可以有效提高自己的写作技巧。对那种需要发表的书评尤其如此，你会逼自己更好地表达，久而久之就提高了写作的技巧。

3. 看作者的采访

有些书让我感到震惊，当我阅读完后，很想和书的作者交朋友，很想和这位了不起的朋友打电话。但是这种情况很少见。在现实生活中，你可能有很多喜欢的书的作者，但是很少有机会真的和他们成为朋友。

请感谢我们生活在互联网时代。你可以在社交网络上追踪他们的新动态，去看他们的 TED 演讲，或者扒一扒他们的博客。听自己喜欢的作者谈论写书的感受，对我而言有着异常强大的冲击力。你可以了解这位作者的心路历程，了解写书背后的思考过程。作者还会分享一些前言和后记中没有的内容，比如一些没写进书中的观点，或者当时的创作环境等。当你看过这些内容后，你会和作者建立起更加“亲密”的联系，作者的思想也会更加长久地影响你。

哪些书必须读

大学时候我读了各种类型的书，社科类、心理类、文学类、工具类……

但如果要我说出对自己影响最大的，也是人生必看的书籍，那我首先看的是文学类。并不是说类似《超越感觉》《认知天性》这类的硬书不够好，只是这类书的内涵始终停留于方法论上，而只有文学作品讲的才是人生，是经验，是不一样的世界观。读文学作品，能从中感受到世界的善、恶、爱意、悲苦，感受过了人生的格局，反观自己才能知道自己想活成什么样子。

其次是历史类书籍。历史书籍可以分为专业性和非专业性的。一般而言，专业性的历史书籍种类有不少，如古代历史文献、碑刻资料、现代的一些专著（如通史、断代史、研究论著）。读历史的基础是首先要准确掌握历史发展的进程和脉络，别犯记错国别和朝代的常识性错误即可。其实，这与人脑的记忆习惯相类似，人脑通常都只记得曾经发生过什么样的事情以及事件的过程和参与者，而对时间的准确度不够敏感。如果你不是立志想成为历史学者，那就不必苛求自己把每个朝代的所有皇帝顺序搞得清清楚楚。

最后是专业类书籍。许多人很想在某一项领域上有所突破，于是，兴冲冲地找来一大堆的专业书籍，但往往都是看了前面的几页，随之而来的却是被专业知识的晦涩难懂，而磨光了初始时候的热情。那么，怎样阅读专业类书籍？如何学习晦涩难懂的知识?

不同类型的书，我们会采用不同的读书方法，专业书籍需要看多遍。第一遍不要太纠结于细节，有些时候，你在前面觉得深奥晦涩的知识，看到了后面，说不定就能比较容易地理解了。对于大多数普通人来说，专业书籍并不是一遍就能过的，至少需要读上四遍才能完全地吸收和内化。

第一遍，了解大体的内容，把握全书的脉络。

第二遍，对不懂的地方和专有名词进行查询理解。

第三遍，概括主要内容，找出重点，浓缩精华。

第四遍，结合实践和自身的思考，完善和扩展知识的全景图。

读书的好处

宋真宗流传最广的一首诗，就是那首《励学篇》，诗曰：

富家不用买良田，书中自有千钟粟。
安居不用架高堂，书中自有黄金屋。
出门莫恨无人随，书中车马多如簇。
娶妻莫恨无良媒，书中自有颜如玉。
男儿欲遂平生志，五经勤向窗前读。

这就是书中自有黄金屋。在书里面，你能看到整个世界的样子。再好的老师，也有犯错的时候，也有自己的偏见，也有自己的短板。所以我们才会说：吾爱吾师，但吾更爱真理。老师，是真理的载体，而不是真理本身；老师承载的真理有限，而真理则是无限的。真理在哪里，在一本又一本的书里。

一本书讲得有偏差，会有另外一本来修正；一本书的结论会过时，会有另一本新的来更替；一本书会有错漏，会有另一本书补充。所以我们大量、多层次、多角度的阅读，会让我们更接近真理。你只要老老实实地多看几本书，你就会知道：宇宙很大，我们与之相比很渺小，地球只是其中的一粒芝麻。我们对这个世界的了解，少之又少，而且，错误百出。我们对自己的了解，也少得可怜，我们的身体、心理，都充满着未知。这个世界上，没有绝对的对，也没有绝对的错；没有绝对的好人，也没有绝对的坏人；没有绝对的伟人，也没有绝对的小人。当我们知道了这个世界原来是这个样子的时候，我们就会宽容很多、谦卑很多、豁达很多、从容很多。

你的写作，这是少奋斗 10 年的秘密

过去像美容师、发型师、服装搭配等行业，几乎只能通过有限的线下平台展示自己，影响力是很有限的。但是现在网络时代，给了这些美学专家们更多的渠道发声，这个时候善于表达自己的专业博主就占优势了，他们能够用清晰、准确且十分具有个人特色的方式将自己的专业才能表达出来，获得更多的消费者认可，写作能力让他们的影响力有了突破性的扩大。

写作是对输入进行思考后的输出，那么坚持输出有什么好处呢？

第一，写作是重要的“生存技能”

移动互联网时代，社交媒体改变了人们的沟通方式。如今我们更多地在线上通过文字沟通，所以在这个时代，文字表达能力决定了你的沟通能力，成为你重要的生存技能之一。

第二，写作是“倒逼成长”的好方法

如果你今天没有学习，没有成长，没有对一件事进行深入的思考，你就不知道写什么；如果你每天都有东西写，而且写出来还不错，说明今天的你和昨天的你相比，又有了新的进步。一天下来，你有没有得写、写得好不好，正是检验你今天有没有进步、有没有成长的一个重要标准。用输出倒逼输入，写作是你逼着自己每天成长、每天思考的重要手段。

第三，写作是“学习效果”的放大器

写作过程中你会发现，很多原以为自己想明白了的东西，其实并没有想明白，想不明白，就写不明白。所以写作会逼着你进一步地思考、吸收、处理、输出知识，可以大大提升你的学习效果。

第四，写作是“个人能力”的放大器

在社交媒体时代，你拥有写作能力，就相当于你在网上给自己安了一个喇叭。你可以时不时地喊一嗓子、亮亮相，让更多人注意到你、认可你、欣赏你，从而连接到更多的资源。从能力的多方面竞争来看，越是不靠写作为生的人，越需要提升自己的写作能力。

不信你组合一下看看：

一个厉害的程序员 + 会写作；

一个销售达人 + 会写作；

一个设计师 + 会写作；

一个产品运营 + 会写作；

一个创业者 + 会写作；

一个投资经理 + 会写作……

每一种身份与写作能力相加，都能产生很有想象力的反应，这就是写作的魅力。

第五，写作可“重复销售”自己的时间

每个人的时间都是宝贵的财富，一个人可以重复售卖的时间越多，他就能得到越大、越多的回报。写作就是重复销售你时间的一种方法，比如我两年前写的书，到今天依然有人在看，明年还会有人看，不断有人在看，而我不需要再付出时间。

第六，写作是具有“抗攻击性”的技能

首先，写作可以为所有技能赋能，上面第四点的时候就说过了；其次，写作技能是一项高保值技能，无论这个世界变成什么样，科技如何发展，各行各业如何变迁，写作这项技能都不会贬值，它只会越来越贵；最后，写作技能具有很强的时间累积性，这样的软性技能越早开始积累越好，一旦形成，别人无法在短时间内超过你。

时间就是壁垒，你要尽快开始写作，享受时间带来的复利。

你的表达，混得不好是因为知道你的人太少

推销自己才有机会

随着颜值经济的到来，以抖音为代表的短视频平台已是美妆品牌营销的必选阵地，而抖音也成为美妆短视频风潮的引领者，并且美妆行业一直走在社媒营销的最前沿。那些善于表达自己的博主们，首先吃了这波红利。

不光线上如此，生活中也处处可见“会表达”的益处。

有一天我从超市购物出来，本想开车走，但听见路边有喇叭叫“卖豆腐花咯，香喷喷的豆腐花”，循声走过去见一个大姐拿着喊话器在喊。假设没有喇叭，她是默默地卖，我就发现不了豆腐花的存在，更不会去买，她就做不成这单生意，所以她通过这种喊话器的方式宣传自己，让更多的人知道她的存在，被吸引的顾客不在少数，新顾客也会变成老顾客。自从那次以后，每从超市出来，我都会去那条小巷子看一下她在不在，假如在的话我就会来一份。

在工作中我们也要学会推销自己，有些人总是抱怨自己的默默奉献别人看不见，总是得不到表扬和肯定。虽说是金子总会发光的，但是你把自己深深地埋在土里，别人也发现不了你啊，你的光芒也就被盖住了。

说话，要因人而异

说话要因人而异，看清对象，这是说话的最基本要求。不同的对象对同一句话会产生不同甚至相反的效果。说话是双向的，不论是在公共场合发表演讲，还是和别人随意交谈。除了说话人以外，还有说话的对象，也就是说听你说话的人。为此，说话的人就不能想说什么就说什么，而要看对象，从对象的不同特点出发说不同的话，从而创造一种和谐融洽的气氛，以达到说话的目的。优秀服务员李淑珍的接待语言，就是说话因人而异的一个范例。如果看到是知识分子进店吃饭，她会这样说："同志，您要用餐，请这边坐。来个拌鸡丝或醋溜里脊，清淡利口好不好？"如果看到是男同志进店，她会说："师傅，今儿过来想吃过油肉还是贡丸子？"乡下老大娘进店吃饭，李淑珍这样欢迎大娘："您进城里来了，趁身子骨儿还硬朗，隔一段时间就来转转，改善改善生活，您想吃点儿啥？"对于知识分子，她用语文雅、委婉；对于工人同志用语直接爽快；对于乡下老大娘用语则通俗朴实。这就恰到好处地适应了不同对象的不同爱好和文化修养。

俗话说，见什么人说什么话。说话要看对象，这是一个常识，也是一个原则。有位伟人曾经生动地说过，射箭要看靶子、弹琴要看听众。写文章作演说可以不看读者不看受众吗？其实写文章要看读者，说话更要看受众，为了顺利达到说话的目的和效果就不能不考虑因人而异了。

3 分钟的艺术

在日常生活中，有一件事情我们经常会遇到：即兴发表言论。有时候哪怕只有 3 分钟，都足以决定了别人眼中的你！

临时会议，领导突然点名让你发言，难得的机会，你却白白丢了分；毕业后的同学聚会，轮到你发言，你拖拖拉拉说了一堆，到最后老同学都纷纷玩起了手机；公司评优，你上台领奖并发表感言，除了说一串老掉牙的感谢，你就词穷了；参加家长会，老师临时邀你上台发言，你却没能抓住机会让孩子以你为豪；亲朋好友婚礼上，作为新人的好友，你受邀送上祝福，却只干巴巴地背了两分钟的稿。

大到当众演讲，小到日常交流，一个人的即兴表达能力十分重要，它可以体现一个人的情商、智商和思想，甚至在关键时刻起到决定性作用。

首先，我们要打破一个误区。那就是你眼中所谓的即兴演讲并不是即兴的。这在长久以来都是一个误区。因为所有的即兴演讲，都是有准备的，起码是半准备过的。

他们通常会在这三个阶段去做准备：

第一，参加活动前的准备。也就是他们会在参加活动之前，先默认自己需要发言。因此，他们提前会根据活动的议题或者主题做一个发言准备。

第二，做笔记准备。比如说你参加一个会议，你可以边听边做笔记。

轮到你发言时，你可以从你记的笔记中寻找你要讲的素材。

第三，争取时间的准备。很多人在临时被揪起来肯定会觉得很突然，特别是在没准备好的时候被第一个叫起来。那么此时，你就可以说你想先消化消化，让其他人先讲。

这就是所谓的半准备。

其次，即兴发挥基本有个万能的框架：

1. 好

问好。几乎我们见到人的第一句话就是问好，所有的表达几乎第一句话也是问好。上了舞台要问好。

2. 自

自我介绍。在这里的自我介绍，主要是场合，如果是公司场合，大家对你都相对熟悉报一个名字就好了。如果公司很大，很多部门在一起，你还需要加上你的部门。

3. 客

说几句客气话。比如：我很开心，我很激动，我很荣幸等。

4. 词

抓关键词。这一点是点睛之笔。前 3 点基本上所有的表达都需要，所以你在被点到名字分享的那一瞬间。你心里就要想我要分享什么词。而上了舞台的前 3 句话，就是上面 3 点，不需要想太多直接说，这些时间都是为你下面的“词”做铺垫的。

你的社交，是“社交无用”还是你没用

你有用吗

成功搭上颜值经济的热点，往往都具备了快速吸睛、迅速传播、自带话题的优势，能够让用户自发蜂拥传播，对于一个品牌营销的意义在于获取低成本的高流量关注。

这就是颜值经济时代的社交特性，高颜值也是实力的绝佳体现。产品美观的颜值设计，是让消费者使用完舍不得丢掉，愿意放在家中当成装饰品。能够达到这个层次的，就像农夫山泉的“金猪瓶”。金猪瓶的设计，可以说超越了任何一款饮用水，如果事先不知道，看到的人完全有可能以为是酒或其他高端饮品。

实力，是一个圈子的通行证。有人说，社交的基本原则，是价值交换，如果你没有实力，无法给对方提供价值，是没有人在乎你的存在的。你是什么层次的人，就会结交到什么层次的人。你的实力强，你交往的圈子才会有高度。一个人的实力，决定了别人对他的态度。当对方送上冷眼，别总是抱怨人家不尊重你，而要多反思自己实力是否行，是否有让对方认可的价值和资本。人际关系，它所体现的是你的人缘，是你在这个社会的人际的连接线。所谓人际关系，也就是你的社交圈子！并不是说你认识多少个人，而是有哪些人会认识你，重要的是认识你的人中有多少人是认可你的。

你的存在，对于他人有什么意义和价值，他人的存在，对你来说又有什么意义和价值。人际交往，不是说你和多少人打过交道和多少人参加过很大的饭局，或者是和多少有身份的人进出过一些高档的场所，而是有多少人愿意和你打交道，主动打交道，长期和你打交道，持续和你打交道。

和舒服的人在一起

英国诗人弥尔顿曾说过这样一句话：孤独有时是最好的交际，短暂的索居能使交际更甜蜜。有时候，我们过于追求热闹的社交，却会忽略我们身体需要安静空间这件事情，久而久之，反而更加疲惫。我们当代人最好的生活方式，其实是抛弃无用社交，和舒服的人在一起。舒服，其实是一个很虚的词。我们很少用“舒服”这个词，来评价一个人的性格特点。但最后仔细想想，自己为什么喜欢与一个人交往？其实是因为跟他相处的时候，你很舒服，很自在，没有虚伪，无须防备，相处起来一点儿也不累。人这一生，会遇见太多糟心的事，而在选择相交之人这件事上，千万别委屈了自己，一定要选择舒服的人。

留一些空间给自己

很多人担心自己宅在家里，会慢慢被边缘化，与社会脱节。也会觉得一个人太过孤单，想要去融入人群，多认识一些人，与不同的人相处，获得不同的收获。但其实人与人的相处有时候也是有壁垒的，并不是所有的人都可以和你灵魂契合，也并不是所有的社交都能让人心情愉悦。当然，这也不代表让你拒绝社交，或者说不与人接触。

融不进去的圈子，就别挤了

社交网络就像是巨大的指甲，挠着每个人内心深处渴望被关注的痒。强扭的瓜扭到了也许会很开心，吃到嘴里也就那样。圈不同别硬融，真的没必要为了拓展人际关系而认识些没必要的狐朋狗友给自己添堵。刻意的社交，大多是无效的。认识的，不一定是朋友。交心的，未必是伯乐。只为了让自己看起来不那么孤单和 low，就去参加各种社交，努力融入自己根本就不喜欢的圈子，说着违心的话，喝着伤身的酒，很不值得。别错把认识和认可画上等号，更不要将人生的转折点寄希望于我朋友是某某。再多的大佬名片也换不来一个上位的机会，再多的客套礼貌也未必能拥有一个真心的朋友。断绝无意义社交，降低单方面的期待，优先考虑自己，时刻保持清醒。

社交和谈恋爱是一样的，很多事情你越是刻意，结果往往不尽如人意。反倒选择释然、随遇而安，可能会收获意料之外的惊喜。交友在心不在行，知己两三便足矣。这个社会的交友规则，等级森严。所谓有效社交，一定是资源对称，等价交换，合作愉快，利益共赢，你有来我有往。

机遇，你人生的每一个转折点

第二章

把握

你的贵人，怎么才能吸引他们过来

跟做得最好的人学

每个人都有自己的不同的特质，想要吸引别人，就得挖掘自己的特质并加以发挥。我们根据自己的问题具体分析，自己想要极力培养出的特质有哪些，把这些优秀的特点具象化，再去寻找拥有这些特点的人。在现如今错综复杂的社会里，尤其是在商业环境中，没有谁能够靠着自己单打独斗就可以轻轻松松取得成功。尤其像北京这样的一线城市，集中了太多资源，同时也汇集了众多优秀人才，在这里想要生存下去真的不容易，圈子是港湾，也是壁垒。我们都需要找几个圈子，在不同的圈子里安顿自己。

古语有云：读万卷书不如行万里路，行万里路不如阅人无数，阅人无数不如名师指路，名师指路不如踏着成功者的路。那么问题来了，踏着成功者的路，至少得先认识一些成功者吧。

怎么认识行业内顶尖的牛人

1. 借助平台，拓展人脉

这在当今网络资源发达的社会中并不是一件难事。互联网改变世界，微博私信、论坛留言、E-mail 联系、贴吧互动等方式给了我们比较大的空间去与他人取得联系,依靠网络资源会使更多的人参与进来,与行业中的不同人物进行沟通,互相启发,取得意想不到的收获。

有一个在一家中型企业做销售部经理的朋友,他建立了自己的博客地址,闲暇之余喜欢将自己商场打拼的体会、经验、教训、甘苦贴在网上。有一次,在浏览博客网页时,他发现了一篇很精彩的文章,读完之后,他把自己的读后感以及对文章的肯定和赞美给作者留了言。就这样一来二去,他们建立了坦诚交流的"文缘",很是投机。4个月后的一天,他突然接到这位网友的电话,说是在他所在的城市出差,问能否见上一面。见面交谈了近两个小时之后,对方方才递上了自己的名片,并问他是否愿意到他的企业去工作。原来,这位网友竟然是自己所从事行业中全国有名的第二大企业的老板。

2. 先做朋友,再谈生意

在刚开始接触行业大咖时,一定要抛弃心中的功利想法,所有带有目的性的行为都会通过细节表现出来,让人感觉不自然、不舒服。优秀的人身边不缺存心找他们做朋友的人,他们也知道自己有利用价值,永远都会有不同的人想要凑上来利用他们赚取好处。所以只有真诚地想和这个人成为朋友,而不是因为他的权势或者影响力成为朋友,你才能得到他人的赏识,进而会在你有难的时候帮助到你。

3. 小局谈事,大局吹牛

一些很热衷参加这种活动的职场老油条,抱着掐人尖儿的心态去结识更多的人脉,以为参加几个论坛、活动,认识几个厉害的老总,说上几句话，加加微信，人家就成了你的人脉，这种想法岂非太过天真。

微信里存着上千个人的信息，而当你遇到困难真正能帮助到你的人又有几个？人脉不在于多在于精，不在于认识多少优秀的人，而在于是否能持久地交往下去，与其天天跑这些所谓高档场所，还不如踏踏实实地与周围好友多联络联络感情。如果整天奉人脉为法宝，却不肯付出一丁点儿努力企图依靠人脉走上人生巅峰的人，也只配当一个职场老油条。

克服你的畏惧心理

很多人认为牛人的时间都是很宝贵的，如果去找他们交流或者请教，一定会耽误他们的时间，他们可能会不高兴。特别是当你有过请教别人，但是被别人拒绝或者敷衍的经历时，你更倾向于这样认为。其实，绝大多数牛人都是非常谦逊的，你去向他们请教得到回复的概率，甚至高于你向一个陌生人提问得到回答的概率。

牛人之所以成为牛人，除了他们本身有本事以外，在人际关系的处理上，通常比一般人处理得更加得当。因此当你想去向一个牛人请教的时候，你就主动去问吧，最差的结果也就是得不到回复，这和你不提问的结果是一样的，你没有任何损失。假如你得到回复了呢？那岂不就是赚了。

之所以不敢接近牛人，还有一个心理，就是我们常常担心自己问的问题太傻，被其他人嘲笑。特别是我们在公开场合听一些牛人的演讲时，通常会有这方面的担忧。因此，国内一些公开演讲，通常主办方都会安排几个托儿准备好问题，避免冷场而尴尬。其实，我们真的是想的太多了，因为没有人会把目光放在你的身上。即使你提的问题没有什么水准，也并不会因此受到牛人的嘲笑，因为他们并没有心思和精力去碾压下面的人。即使在场的观众因为你的提问而哄笑，也没有关系，因为出了这个会场，他们可能就忘记了。

即使我们被笑话了也没什么关系，就当给大家提供一点儿娱乐，毕竟我们就是因为学识不够，才需要去不断地提问、探索。

你的团队，安全感留给员工而不是老板自己

你需要一个什么样的团队

现代女性生活节奏越来越快，消费场景发生了很大的变化，但传统美业的发展未能匹配消费者需求。有人就看到了传统日化与美容院两大赛道之间的新机会，于是细分了面部护理领域，借此创立自己的品牌。而这个过程中，除了敏锐的商业嗅觉，最重要的就是搭建属于自己的团队。

一个真正的团队，不仅仅人要在一起，情要在一起，更重要的是，心要在一起。作为一个创业者、女性创业导师，这些年我有很深的体会，绝大部分企业及管理者，对于团队和团队管理的认识和理解有所偏差。如果企业管理者对什么是团队、要打造一个什么样的团队都没搞清楚，还何谈管理？即使掌握了很多团队管理的方法和技巧，那又如何？方向一旦不对，跟干得好不好就没有关系了。

所以，谈到打造团队，怎么打造，是手段、方法的问题，属于战术层面的事情；要打造成一个什么样的团队，则是理念、思想的问题，属于战略层面的事情。在组建团队、经营管理团队之前，管理者首先要考虑的是后者。

如何搭建好团队

讲到团队，我们经常会提起《西游记》里的唐僧师徒 4 人。他们 4 人就是一个非常好的团队。如果没有唐僧，3 个徒弟充其量是一个团伙。有了唐僧，他们就成了一个团队。

为什么？因为唐僧赋予了这个团队一个使命、一个目标、一种意义。任何一个团队都包含 5 个基本要素：目标、人、定位、权限和计划。

用这样一个尺度来对照“唐僧团队”，会发现这个团队完全符合。目标明确，就是西天取经、普度众生；人有 4 个；团队定位清晰，就是救世主；权限分工明确，每个人都有自己的角色；计划完整，知道每天怎么走，干些什么事。

从“唐僧团队”可以看出，人心在一起、有共同目标和使命的团队，是一种有智慧的高级团队形态，因为这种团队的驱动力变了。人在一起的团队的驱动力是岗位、制度、规则，情在一起的团队的驱动力是情感、信任，而最高级的团队形态是人心在一起，它的驱动力是使命、目标。一个真正的团队是拥有出生证的。是否拥有出生证在于团队在诞生的那一刻有没有使命，它是不是带着使命诞生的，这决定了团队存在的意义，也决定了团队的形态和走向。

给团队以安全感

找工作面试时，HR 大多都会问这样一个问题：“你对这份工作最看重哪些方面？晋升空间、薪资、工作环境、福利，还是……”其实，这里面有一个答案是大家的必选项，但却几乎没人敢当面提出，那就是“好领导”！

一个杰出的领导应该具备什么能力？管理理论学家西蒙西·内克告诉我们，好的领袖是一个让他的员工有安全感，并让员工进入一个充满信任的圈子的人。但是创造信任与安全，尤其是在不平等的经济环境中，意味着承担巨大的责任。这源于人类的进化：人类为了完成更复杂的工作，大脑的体积几乎跟身体不成比例。但受限女性盆骨大小，只能在胎儿的头颅发展到一定程度，胎儿就得脱离母体。但这样的婴儿没有独立生存下去的能力，只有靠大人养育。婴儿最需要的就是安全感，这个安全感伴随着我们一生。领导，就是要打造一个提供安全感的组织和帮助员工加强内心建设。

让你的团队更卖力

1. 不是表扬能力，而是表扬成长

很多领导在表扬人时，可能喜欢说：干得不错，很有能力，继续努力。或者许诺一些利益等。诚然，这种说法也不能说是错的，只是这是一个快速变化的时代，每个人的能力是需要不断提升的，这个员工这几个月干得不错，并不代表他能一直干得不错。所以，如果你只表扬这个员工的能力，会让员工觉得“我的能力可能还可以，但还是不够出类拔萃”。尤其是一些新员工，他们会觉得表现的机会本来就

不是很多，你却只是表扬了这个员工的能力，会让他觉得不是很真诚，你应该从员工成长的角度来表扬，部门同事都说你比 6 个月前有了很大进步。用这样的表扬方式，员工会觉得领导很细心，注意到自己的每一步努力，心里就会觉得自己的工作得到了认同，以后会更加努力的。

2. 善于借助别人的嘴，去表扬你的团队

这一点也很简单，也容易做到，有时候，可能你自己不善于表扬，这个时候，你可以这样对一个员工说，上次我们和某某部门合作得不错，很好地完成了哪项任务，那边的部门负责人对你的工作很认可，你工作能力很突出。和直接的表扬相比，其实员工更愿意听到间接的表扬，因为直接的表扬可能存在客气的因素，而间接表扬更显得真实可信。

作为团队管理者，不仅自己要表扬下属，有时候，还要学会借助别人的力量，可能是同样的话，但表达的效果确实截然不同。

上面说了两点表扬的方法，下面再来说一说，批评的时候，需要注意什么。

3. 不能对员工表现出负能量

员工有错误，要及时批评，不要把这些错误积攒在一起说，很多领导会犯这个毛病，经常数落员工的不是，劈头盖脸就是一顿批评，员工往往是措手不及，可能很多都是很久以前的事，还在这里说。其实员工做错了，并不是不要领导指出，而是希望领导尽快说出自己的不足，但不是听你的宣泄和不满，宣泄和不满只会让员工不接受你的批评，心里往往是抵触的。员工做错了，你需要做的是及时的提醒，避免一些不必要的批评，没有人喜欢被批评。

4. 批评要有“批评的理由”

批评员工的时候，要针对具体的事情，要把员工做错的地方指出来，也就是说，你需要给出一个合理的批评理由。具体可以这样做，你需要告诉你的下属，你对他的未来是如何期望的；其次，你要让下属知道，他的现状离期望值有多大的差距；最后，你还需要让他知道，下一步该如何做？去缩小现在和期望值这个差距。职场中，大部分员工还是希望努力工作，在职场获得认同，作为领导者，也要关心员工的状态，用正确的方法表扬和批评员工，员工才能干得更卖力！

你的产品，挖需求的本质是为谁解决需求

你的产品给谁用

现在很多人在享用一件喜欢的东西的时候，往往首先是拍照发微信朋友圈或者通过其他自媒体渠道发布，传播要排在享用之前，相比享用东西带来的愉悦，收获更多的点赞或许让他们更为满足。

对很多商家而言，微博、微信朋友圈、抖音、微视频等社交平台已经成为新品推广的重要阵地。一款产品适不适合拍照分享到社交网络，成为新品研发的重要考量因素。

你的产品到底是为谁做的呢？

你真的清楚目标吗？

你真的了解自己的产品对象吗？

你能为产品用户群体创造什么价值呢？

要搞清楚这几个问题，就得给自己的产品明确定位。

中国人常说，人以群分。同样的，在商业的文法中，区隔就是一群有类似需求的顾客，并且展现同样多种的行为。例如，如果你是一个开餐厅的老板，你可以利用客户不同的行为做区隔：

外带还是堂食？

午餐、晚餐还是宵夜？

中式还是日式、意式？

50 元以下还是 100 元以下？

这些都是日常生活中，我们常见的区隔方式。

为什么市场区隔很重要？因为区隔影响营销的所有层面，把区隔做好，就可以拟订真正有价值的提案，并且将 4P 的工作做好。没有规则说你必须区隔你的市场，也没有规则说要细分到什么程度，但是对大部分的公司而言，资源是有限的，如果知道将资源往什么类型的客户投放最有效率，这当然是最好的。有些人会认为，我的产品可以适用于所有的人群，没有错，理论上来说是的，如果你可以选择更喜欢你的产品的客户，会不会投资回报率会更高一些？当目标群体确认后，就是我们的产品定位了。

那么我们如何写出产品定位说明呢？你可以采用以下这四步法，帮助你写出产品定位说明：

第一步，分析整个外部环境，确定竞争对手是谁？他的价值是什么？

第二步，在客户的心中，竞争对手的强项是什么？弱项是什么？在客户的心中，还有哪些地方是空白的？

第三步，针对产品的特点，写下一段话，填补客户心智中的空白部分。

第四步，为这段话提供一个可靠的证明。

你的产品有使用场景吗

近几年，“场景”一词也被多次提起，“场景革命”“消费场景”“使用场景”“场景营销”等，那到底什么是场景呢？百度百科上面的解释颇为空泛，如果要下个定义的话，简单讲就是，“人在什么时候什么地点发生了什么事情”，可具体、可抽象。近几年江小白在白酒界杀出了一片天地，深受很多年轻人的喜欢，有些人因为江小白才喜欢上喝白酒的，如果问他们，为什么喜欢喝江小白，那他们可能会告诉你，因为酒瓶上面的文案好像是在说自己。为什么江小白上面的文案，能让一个原本不喝酒的人，聚会喝它，失恋喝它，失意还喝它呢？还不是因为酒瓶上面的文案，描述了一个又一个的场景。

欲望在前，产品需求在后

顺着消费者走，借用人们脑海中存在的事实，点燃他们心中的欲望之火。每个产品都有缺陷，但每个产品也都有自己的优势，且都对应消费者的某种需求。做营销，就是要挖掘出消费者心中的欲望，并与自己产品的核心利益接轨。虽说人的物质需求是有限的，但精神、情感上的欲望是无限的。由欲望出发，再到需求，再倒推出产品营销切入点，可能就是破局之道。而这些欲望，往往就是藏在消费者现实状态和最急切的理想状态之间的缺口。总结起来，就是“我们为谁用什么方法解决了一个什么问题？”

在这句话里，“谁”指的就是我们的目标用户，我们需要明确用户画像；“问题”对应的是前文提到的需求，而“方法”就是我们基于需求提供的产品方案。我们为谁用什么方法解决了一个什么问题?

其实就是在反问我们自己，作为产品方，你在为哪类人服务，他们的核心诉求是什么,你设计了一个什么产品方案去满足他们的需求。

在需求（问题）确定的前提下，我们就可以针对用户（谁）和产品方案（方法）进行细化分析了。

我们都说方法论，其实在我看来，方法论是学不会的，只有从实践中去理解、总结和反思，才能汲取里面的共性并成为自己的方法论。方法是框架，目的是让做事有原则；实践是运用，让方法成为理论；思考是复盘，让实践衍生出新理论!

你的销售，售后是所有销售的底气

精英销售的原则

一直以来，品牌的优势在于其所能带来的使用价值，实用性是评判品牌价值的核心，但时代的风向变幻莫测，尤其是在年轻消费者占绝对主力的移动互联网时代，实用性已不是他们追求的唯一标准。他们追求颜值、奢侈品，追求个性、有趣、好玩的潮流品牌。

之所以如此，皆因颜值至上，个性、新潮、炫酷的外观成为年轻人追求品牌、打造自己品牌的标准。个性的明星周边，萌系的二次元动漫、复古的文青怀旧风，新潮的奢侈品和高档的轿跑成为他们的新标配。

可以说，离开颜值，品牌将淡然无光，这是以一切外在视觉和感官为商业盈利的颜值经济时代，颜值在某种程度上，正在成为品牌的新生产力。想要成为一名优秀的经营销售精英，必须深谙其道。

1. 量变一定达到质变

几乎所有的销售工作都需要积累，只是不同销售人员的积累期不一样。从被大量的客户拒绝到第一次成交，是那些拒绝你的客户成就了你的第一次成交；从一个业绩平平的销售人员到销售冠军，是那些一个个成交客户让你实至名归。无论时间长短，无论销售的哪个阶段，都需要大量积累。因此，从现在开始积累，让过往所有客户为你所用。

2. 销售的本质是价值交换

客户愿意与销售员保持沟通，多数是认可销售员所提供的价值（专业的课程规划指导、学习建议、升学指导以及课程方案等），因为没有客户愿意浪费时间在那些无关紧要的人或事物上面。每一次沟通客户都会重新评估你能为其创造或带来什么样的价值，如果不能创造价值，也就意味着销售无法开始。

那么我能为客户创造哪些价值呢？这是值得每个销售人员思考的问题。

3. 沟通双方除了信息传递外，更重要的是传递能量

能量高的人影响能量低的人，就像热量从高温物体传至低温物体一样。大家留意观察身边的销售冠军就会发现，他们都是精力旺盛且充满自信的人。销售冠军和普通销售人员卖同一款产品，使用同样的话术，结果却差距巨大。原因在于销售冠军通过自信、专业、积极及热情的表述把能量传递给客户，从而为成交打下了坚实的基础。

4. 拒绝达成非双赢的订单

不是所有的订单都值得我们去成交的，要果断拒绝一些低质量的订单。当一个订单金额较小客户提出特别多的无理要求，且无法沟通时，那么就尽早放弃，否则即使成交后，会给你带来更大的麻烦，这会花费你更多的时间和精力，且不能给你带来任何转介绍客户。

5. 客户是不能被说服的

被别人说服就意味着失去了自我掌控，就触发了人最本能的安全需求。当你在沟通中站到了客户的对立面，试图去说服客户接受你的产品时，客户就会找各种各样的借口来搪塞你。优秀的销售试图让客户自己去说服自己，他们会帮助客户分析困难及其形成的原因，而尽量要把提出解决方案的想法留给客户，让客户用“我的产品”把“他的想法”兑现。

6. 掌握沟通的主动权

不能把沟通的主动权让给客户，否则客户很难进入你的沟通框架之下，进而也很难体会到产品的优势所在。当你发现被客户牵引的时候，最简单的方法是通过“提问 + 留白 + 赞美 + 回答”的方式来拿回沟通的主动权。掌握了沟通主动权就可以带领客户进入设计精美的销售流程中来，客户所到之处总是充满了鲜花和掌声，成交自然水到渠成。

7. 成交非但不是买卖关系的结束，而是开始

老客户如果维护得好，会源源不断地给你带来新客户。要知道老客户的维护成本仅为开发新客户成本的 1/6，这一点往往会被顶级销售秘密加以利用。然而，大部分销售员会忽略这一点，甚至不屑一顾。

8. 注意力、时间和精力是最宝贵的资源

不要因为客户的无理取闹、疑惑、犹豫或谩骂而与客户起争执，而要果断屏蔽这些客户，继续工作。把注意力、时间和精力都放在进步和提升之上。

故事里面的销售智慧

在营销界有这样一个经典案例：一个老太太去买菜，路过 4 个水果摊。4 家卖的苹果相近，但是老太太并没有在最先路过的第一家和第二家买苹果，而是在第三家买了 1 斤，更奇怪的是在第四家又买了两斤。

1．摊主一

老太太去买菜，路过水果摊，看到卖苹果的摊主，就问：苹果怎么样啊？

摊主回答：我的苹果特别好吃，又大又甜！

老太太摇摇头走开了。

原因：只讲产品的卖点不探求需求，都是无效介绍，做不了单。

2．摊主二

老太太又到一个摊子，问：你的苹果什么口味的？

摊主措手不及：早上刚到的货，没来得及尝尝，看这红润的表皮应该很甜的。

老太太二话没说扭头就走了。

原因：对产品了解一定要源自亲自体验，亲自体验感受出的才是卖点。只限于培训听到的知识，应对不了客户。

3．摊主三

旁边的摊主见状问道：老太太，您要什么苹果，我这里种类很全！

老太太：我想买酸点儿的苹果。

摊主：我这种苹果口感比较酸，请问您要多少斤？

老太太：那就来 1 斤吧。

原因：客户需求把握了，但需求背后的动机是什么？丧失进一步挖掘的机会，属于客户自主购买，自然销售不能将单值放大。

4．摊主四

这时老太太又看到一个摊主的苹果便去询问：你的苹果怎么样啊？

摊主：我的苹果很不错的，请问您想要什么样的苹果呢？（探求需求）

老太太：我想要酸一些的。

摊主：一般人买苹果都是要大的、甜的，您为什么要酸苹果呢？（挖掘更深的需求）

老太太：儿媳妇怀孕了，想吃点酸的苹果。

摊主：老太太您对儿媳妇真是体贴啊，将来您儿媳妇一定能给您生一个大胖孙子（适度恭维，拉近距离）。几个月以前，附近也有两家要生孩子的，她们就来我这里买苹果（讲案例，第三方佐证），您猜怎么着？这两家都生了个儿子（构建情景，引发憧憬）。您想要多少（封闭提问，默认成交，适时逼单，该出手时就要出手）？

老太太：我再来两斤吧。

老太太被摊主说得高兴了（客户的感觉有了，一切都有了）。摊主又给老太太介绍其他水果。

摊主：橘子也适合孕妇吃，酸甜还含有多种维生素，特别有营养（连单，最大化购买，不给对手机会），您要是给儿媳妇来点儿橘子，她肯定开心（愿景引发）！

老太太：是吗？好，那就来 3 斤橘子吧。

摊主：您人可真好，儿媳妇遇到您这样的婆婆，实在太有福气了（适度准确拍马屁，不要拍到马蹄子上）！

摊主称赞着老太太，又说他的水果每天都是几点进货，天天卖光，保证新鲜（将单砸实，让客户踏实），要是吃好了，让老太太再过来（建立客户黏性）。

老太太被摊主夸得开心，说要是吃得好，让朋友也来买。提着水果，满意地回家了。

那么，销售卖什么

生客卖的是礼貌，熟客卖的是热情，急客卖的是效率，慢客卖的是耐心，有钱卖的是尊贵，没钱卖的是实惠，豪客卖的是仗义，时髦卖的是时尚，小气卖的是利益，享受型卖的是服务，挑剔型卖的是细节，犹豫型卖的是保障，随和型卖的是认同感，这才叫销售！

你的社群，为什么只活跃却不挣钱

什么是社群

在说社群之前，我们先聊聊“餐桌文化”。对于这种气氛活跃、精神放松、表达自由和感官丰富的信息物质场域，多数人都充满了热情，不想躲开，也逃避不了。无论科技和社会如何发达，我们都放不下这种简单直接、面对面的情感交流方式。就算有新冠肺炎疫情滋扰，一人一副公筷，也能巧妙地在现代社会的话题语境下实现对它的延续与致敬。这就是社群的初级形态，因共同贪恋某种美食，许久未见又重逢的喜悦，或是大家志趣相投，我们吃着，笑着，碰撞着，催生着，循环往复。当下和过去一样陈旧，历史和未来一样崭新。

什么是好的社群

好的社群一定要有一个人，为了做社群具备自我牺牲的精神，这个人不是出风头，不是凭一己的兴趣爱好去冲，而是一个很小心谨慎的人，持续性地做好一件事，因为这是和人有关的组织工作，必须非常小心，处在和人打交道的前线，很多时候难免怀揣着好意，不但没有帮助人，反而伤害了别人。如果没有做好充分的准备去运营社群，就很有可能促成一个极大的破坏，这是很危险的事情。如果没有做好维持一辈子的准备的话，请小心一点儿，因为你付出去的很可能不是爱心，而是一把匕首。

我们在关心老人和孩子的时候，如果没有坚持做好这件事，就会造成令人失望的结果，给别人带来很多伤害，或者被别人伤害。比如以前有人在关注失学儿童，资助他们读大学，从初中开始每个月都给补助金，后来跟踪这些学生进入社会之后有什么样的回馈和反应，结果并不遂人愿。

做一个好的社群，必须有一个好的领导者为之牺牲。不要为了做而做，这是一项全方位长时间的投入，并非阶段性的实验。比如有些环境保护的举措是出于典型的危机公关，不是出于主动去做一些好事的谋划，我反而觉得是比较可靠的。一个好的社群肯定是要有一个好的价值观，有些社群没有一个贯穿始终的观点，但这恰恰正是这个社群的包容价值观，没有绝对，自由生长，这就是价值观。不论价值观的对与错，没有一个自我价值观，社群是走不长久的。社群要有宣言，才能把大家凝聚在一起。

其次，优质社群一定要有盈利模式。社群不是慈善活动，社群要有自洽的商业逻辑，否则过程中必定会不断摇摆，不断地改变初心。没有商业模式的时候，所谓价值观，就没有办法兑现。

设置你的社群门槛

有些免费群没有任何门槛，人人都可以进入，没有共同属性，就没有共同话题，很少人愿意互动。比如美容护肤群，一般来说，目标用户是爱美的女性。有的群主为了增加群人数，不管是男是女，都邀请进群。结果可想而知，分享美容护肤知识或者话题讨论，只有女性感兴趣，男性根本参与不了，可能只是偶尔看看。不仅降低社群的活跃度，而且还影响其他女性的参与。可能会觉得群里有男性，不好意思聊太深入。所以，不管做任何社群，必须设定门槛。常见的社群门槛有这些：

身份门槛：同是一个身份、标签的人。比如深圳本地群，只允许在深圳的人进入。运营交流群，有材料（名片、文章、其他信息等）证明你是做运营的人，才能进入。

兴趣门槛：有共同的兴趣爱好。比如烘焙、户外、读书群等，同样也需要有信息能证明有这个兴趣，才邀请进群。

付费门槛：只要付费，就能加入。

综合门槛：多种门槛的组合，比如是兴趣和付费门槛。

比如我运营的心理学同城社群，不仅要求是心理学爱好者，还需要付费才能加入。进群门槛是社群质量和社群活跃的基础。物以类聚，人以群分。不同频的人在一起很难有互动，只有共同属性，才有共同话题和社群活跃。

发展你的社群经济

1. 锁定圈子

社群就是圈子，社群经济就是圈子经济，一种信任机制产生的价值反哺以实现价值变现。如果不参与社群经济，不去锁定自己的圈子，就只能给别人产生价值，而不是给自己创造价值，不论你的圈子有多少人，如果不锁定，这些人都将跟你毫无利益关系。

2. 盘活圈子

圈子锁定之后还需要盘活，不去互动交流，不产生活动，不产生链接，就是死圈子僵尸粉丝，我们要通过一系列的互联网工具、互联网规则去激励和盘活自己的圈子，只有盘活流通才能产生价值。

3. 激励圈子

通过各种活动、政策、机制、规则去激励自己的圈子，使圈子不断活跃起来。

常言说道，人脉就是钱脉，如何去实现价值变现离不开以上三个重点。

你的品牌，一切为了客户不是口号

品牌价值效应

随着“颜值经济”兴起，消费升级，哪怕酒香也会怕巷子深。

近年来，新锐品牌异军突起，传统品牌积极焕新，品牌之间的营销也更为激烈。如何抓住新一代消费者痛点和细分市场空白，聚焦产品差异化和服务体验提升，让品牌站在营销的制高点？换而言之，品牌获客如何突围？

首先我们要明白，在建立品牌价值的时候，其实就是在跟大众消费者的非理性在对话，希望他们在无意识中就买了我们的产品。正常的消费者决策过程是这样的：需求唤醒—搜索—权衡—购买。

当品牌在消费的非理性建立了一定的人格和形象，可以让消费者的决策过程变成这样：需求唤醒—购买—合理化。

比如有时候女生进了 MUJI 的店铺，本来只是想逛一逛，结果发现一些特别可爱的小物件，然后就买了。买了之后你问她，为什么你要买这个？她嘴上会说可爱、喜欢就买了呗。但是我们可以想象：如果同样的一件小物品摆放在街边的杂货铺里面，她就不一定觉得可爱了。

品牌要做的不是立人设，而是建立品牌角色

品牌人设，是这几年盛行的事。各大品牌争着要给品牌拟人化，男女、性格、星座、喜好，一应俱全，然后找个运营实习生来假扮这个性格，很迷惑。品牌这么做的理由是，更便于用户沟通，但我想说的是，品牌不是人，品牌是服务于人。站在用户的角度看品牌，让品牌成为品牌。所有广告都在坚定地告诉年轻人要做自己，品牌为什么不能做自己呢？

品牌与用户、与大众的关系，应该以用户思维建立品牌角色，让品牌成为用户生活中的一部分，而不是搞人设或者昵称，在网络环境中谄媚年轻人。

品牌代表的是消费者价值

消费者需要品牌是基于品牌能够满足他们的需求，能够为他们创造价值；而“满足消费者需求，创造消费者价值”恰恰就是品牌存在的价值。也就是说，品牌没有价值也就无法称之为品牌，或是根本就无法成为品牌。

消费者对品牌的认识就是从品牌对其价值的承诺开始的。正如董明珠女士所强调的那样：“一定要学会创造价值，为顾客创造他所需要的价值。”那么，何为品牌的价值？简单地说就是“品牌能够为消

费者做什么，进而能够为消费者带来什么”。它包括满足需求、解决问题、赋予能力、愉悦精神等。

比如，福特汽车是“生产大多数人买得起的汽车，让汽车进家庭”，“让每个家庭分享上帝赐予我们的快乐时光”；苹果电脑是“提供大众强大的计算能力”，“让每人拥有一台计算机”；华为是“提供有竞争力的通信解决方案和服务，持续为客户创造最大价值”，“丰富人们的沟通和生活”；美团外卖的“送啥都快”；星巴克的“为客人煮好每一杯咖啡”；海底捞的“在顾客要求之前服务”等都是品牌对自身价值的主张。

品牌的承诺

当实际产品无法支撑起品牌的承诺时，消费者对它的信心和满意度就会大打折扣。在中国历史上，比较明确地表示“承诺”意义是在大明王朝建立之时。明朝之前的元朝，各地农民起义、军阀混战。最后朱元璋脱颖而出，创立大明，民生凋敝，百废待兴。政府财政空虚，当时北方还没有完全平定下来，所以定都南京，应天府。朱元璋本不想大兴土木，但是李善长建议，作为一个新的王朝，还是要体现出王朝的“气势”，该花的花，该省的省。朱元璋纳谏了，任命胡惟庸负责皇宫的工程。工期也是比较紧的，因为登基大典的时间已定。中间朱元璋来工地视察了一次，问胡惟庸可以如期完工吗？胡惟庸说没问题。朱元璋又问，那你如何保障工程质量呢？

胡惟庸说，工程中使用的每一块砖的下面都刻上了作坊的名字，还有工匠的名字，表面上看不到，但是如果将来出现了什么问题，我就可以拿出这块砖，找到作坊和工匠，他们必须对自己的产品负责，即使他们不在人间了，我也可以追究他们子孙后代的责任，至少诛灭他们“三族”。

在这样的高压下，作为参与工程的工匠，真的要“耗子尾汁”了，如果质量不达标，或者后面出了什么问题，不但影响自己的“当世”，还牵连到后世！当然了，这个并不符合市场经济的原则，但确实体现了品牌的“承诺”。朱元璋对胡惟庸的做法非常认可！这件事也是后来胡惟庸成为丞相的一个重要支撑。苹果第一代电脑，如果打开显示器的后壳，在后壳上印着所有参与这个电脑研发、设计所有人的名字，乔布斯的名字亦在中间。很多企业的创始人、产品的发明人、众多的产品经理，你敢把你名字打在产品上吗？

你的收入，并不是什么钱都能挣

你跟富人的距离

颜值的“溢价效应”渗透社会的方方面面。

《经济学人》指出，不管在大猩猩社群还是今天的西方发达国家，权力往往属于颜值更高的领导人；著名经济学家丹尼尔·荷马仕在《颜值与劳动力市场》的论文中指出，颜值和终生劳动力总收入呈较强的正相关性；韩国一篇研究论文则证实，颜值最高的男性收入比颜值中等的男性收入高 15.2%，颜值最高的女性收入比颜值中等的女性收入高 11.1%。在互联网时代，相对于过剩的信息，注意力是稀缺资源。而颜值就如一张亮闪闪的名片，成为吸引公众眼球的一种高效方式，进而“得颜值者得人心，得人心者得天下”。

为什么穷人的后代大多长相普通，而富人的后代很少长得特别丑，归根到底是因为穷人和富人截然不同的“思维”。穷人把钱看得太重，每天只知道存钱、省钱，不惜浪费自己的时间和生命去省钱；而富人用时间去追求财富，成功避开了“用时间换钱”的陷阱。穷人把钱当成生活资料，富人把钱当成生产资料。

这种思维的不同导致了同样是面对金钱的情况下，富人容易操控钱，而穷人更容易被钱操控。于是，穷人越穷，富人越富。决定一个人是否富有的，从来不是财富，而是他的思维方式。

把自己当成有钱人

在生活中，我们总会看到这样的新闻：一个人中了巨额大奖后，开始疯狂花钱，结局往往是不仅把中奖的钱花个精光，还会欠下巨债，过得大不如前。最后悔恨道：我宁愿从来没有中过奖。其实，对于普通人来说，能守住天降横财就已经是很好的结果了。因为他们的思维大多还停留在自己之前的财务状况中，不能迅速转换位置、调整思维，因而也就无法守住那么多财富。在骨子里把自己当成有钱人，是一种很重要的能力。只有先成为有钱人，才能更清醒、理智地规划自己的财富，让自己获得最大收益，继而实现复利。

跟金钱更好地打交道

1. 不做“无利可图”的事

虽然这样说显得有些“功利”，但做事有很强“目标感”，能够帮助我们保持清醒，聚焦结果，不被琐碎的事情影响。在《演员请就位》中，演员胡杏儿在一出场就直白地说了自己“为何而来”，目标很清晰。在随后的第一轮竞演中，胡杏儿果然朝着目标发力，表现惊艳，拿下一张宝贵的 S 卡，而所有导演手中一共只有 8 张。就这样，胡杏儿通过自己在节目中出色的首演，赢得了导演和观众的高度认可，达成了自己的目标。

正如歌德所说："每走一步都走向一个终于要达到的目标，这并不够，应该每下都是一个目标，每一步都自有价值。"

2. 不要等"万事俱备"

当然，这里不是说我们要打"无准备之仗"，而是不能总是等一切都准备好才开始。其实我们也不难发现，大多数富人都会在看到某一机会后，先人一步。

3. 让周围充满"比你强"的人

想成为更牛的人，就要多和牛人在一起。并不是说他们要比你更有钱，而是他们有比你更厉害的地方。在信息、价值的交换中，也让我们收获了更多信息，有了更多思路，拥有更高的价值。吸收、交换，再吸收、再去交换更大的价值，这样的良性循环，能让我们变得更强，才有机会继续向上，突破现有圈层。

不赚不该赚的钱

不该你拿利润时你拿了，你就要倒霉。你的质量不好，你的服务不好，你的费用高，不该你盈利时你想盈利，盈利之后也要吐出来。所以，赚钱时一定要赚自己的钱，不能赚客户的钱。客户他这样想，你赚不赚钱关我什么事，我只要好的产品，不是帮你赚钱。所以说，如果你要赚钱的话，一定是赚你自己的钱，你的技术含量高，你的管理好，你的成本低，每个员工的潜能发挥得好，你自然能赚到钱。

客户是我们的衣食父母，如果你的产品不能帮助到他们，他们就会抛弃你。这是最根本的，违背了就要垮掉，这是非常深刻的教训。市场认可你的产品，客户用了你的产品能够获得比其他企业更多的利润，这时你大胆要你的利润，因为这时你首先保证了客户的利益，保证了经销商的利益，这里面有技术含量，有经营管理，当然还有一部分商誉。

商誉创造的利润最好不要拿，商誉创造的市场你可以要，但利润你不能要，因为商誉可以让你多卖钱，但这个钱你不能多要，你多要的话就是在透支商誉，透支商誉得到的利润你一定得再吐出来。

你的营销，如何启动客户的情感按钮

照顾好你的“利益相关者”

一家餐厅的老板辛苦干了一年也没有挣到多少钱，他总是和周围人抱怨：“这都是经济衰退惹的祸，大家都不愿意花钱出来吃饭了！”但事实上，和他同在一条街上开餐厅的老板生意就很不错。朋友提醒他说：“你看某某他家经营得就很好啊……”

可这位老板摇摇头说：“他家东西多便宜啊，挣不了几个钱！”后来，他甚至和朋友说：“都赔不起了，如果我们的客户多一些，我就会请一个更好的厨师，提供更好的饭菜和更好的服务员。可现在……我得再考虑考虑了……”很显然，这个老板把经营状况惨淡归为客户不来他这里吃饭，所以他要降低服务标准，雇用廉价的服务员，并且想方设法降低饭菜质量。

结果，没过多久，这家餐厅就歇业了。这个故事给经营者的启示就是：一定要照顾好你接触到的人，这是一个重要的营销原则。“你接触到的人”可以是你的员工，也可以是你的客户，或者同时指两者，两者是相互并存的。这不仅是情感信任关系的建立，也是营销关系心理的预期场景化。上面故事中，餐厅之所以做不下去，就是因为老板对客户太不用心，廉价的菜品和服务，客户怎么可能会买单？想要做好生意，一定要顾及两点：员工和客户。

针对员工，如果你更好地照顾好你的员工，那么你的员工就会更好地照顾好你的客户。照顾好员工，绝不只是衣食住行方面，而是要给他们一个舞台，让他们能够在这个舞台上实现梦想，实现人生价值。要敢于把一些事情交给员工做，敢于相信他们的能力，让他们接受并尝试新鲜事物，让他们在成长的同时又能收获更多结果。针对客户，一定要提供性价比高的产品和服务，如果你只顾及成本，而在产品和服务上打折扣，就会失去客户对你的信任和喜爱，这个时代没有谁会为了不在意自己感受的商家来买单！

“买卖”是一种价值交换的过程，唯有感受到价值所在，甚至是物超所值，客户才会心甘情愿掏钱。

无调研不营销

营销调研的应用范围很广，通常分为两类：识别问题调研和解决问题调研。

1. 识别问题调研

识别问题调研指为了帮助识别存在的问题而进行的调研，如市场容量、品牌形象、顾客满意度等。

（1）品牌形象调研

企业的品牌形象至关重要。品牌在消费者心中处于什么样的位置，购买产品的用户是什么样的群体，代表什么样的品牌形象等，均是品牌形象调研的主要内容。用户画像也是品牌形象调研常用的一种方法。

（2）顾客满意度调研

产品到底好不好，顾客说了算。顾客对产品是否满意、产品经营过程中存在哪些问题是企业关心的重要问题，因此很多企业都会定期开展顾客满意度调研项目。通过顾客满意度调研项目，企业可以知道顾客对企业的满意水平，与竞争对手相比企业处在怎样的水平，企业的哪些环节需要改善，哪些环节需要优先改善等。

2. 解决问题调研

企业明确了问题或机遇以后，需要解决具体问题的方法。重点介绍两种常见的解决问题调研的方式：产品调研和广告效果调研。

（1）产品调研

产品调研贯穿整个产品生命周期，从创意筛选、概念测试到产品上市后的价格测试、促销效果评估均离不开市场调研。到底采用哪个概念，则需要消费者测试。

（2）广告效果调研

营销调研一般从广告到达、品牌产品识别、广告内容回忆和广告说服力等角度衡量广告的沟通效果。广告到达主要监测广告是否到达目标消费者，广告点击率和收视率都是衡量广告到达的重要指标。

品牌产品识别、内容回忆和广告说服力通常是通过焦点小组访谈的形式，监测在没有任何提示的情况下人们是否能够识别品牌及广告中的关键元素。

重视用户反馈

你会对所有人给你的意见都一视同仁吗？不太可能。你可能会更倾向于相信那些你认识时间长的朋友。假如你在公交车上遇到一个陌生人，一直教导你应该如何去生活，这样的意见你可能并不会多么重视。在商业市场下，用户与你的业务的关系程度将影响他们反馈的问题的权重。长期的忠诚用户对你的产品有丰富的使用经验，这将使他们的意见特别有价值。

有些用户虽然使用你产品的时间比较短，可却是重度使用者用户，他们可能会有很多有见地的反馈。你有一些用户明显比其他用户更愿意付费吗？你可能会想找出其中的原因。用户主动提出的反馈需要特别注意。这里有一个关键的原因。用户提出的那些不在你的思考范围内，而且你完全不知道的问题，可能正是你需要听到的最重要的事情。

通过主动提出的反馈或开放式调查问题，你更容易找到意见相左的观点，而在一个具有多项选择答案的调查中却很难。医生完成诊断后询问患者是否还有“想谈谈的其他事情”时，患者常常会在这时说出最重要的问题。做产品就是在解决客户的痛点。所以一定要关注客户的抱怨，因为客户的抱怨背后就是客户的痛点，就是产品的改进点。

在传统的门店里，客户不满意时，少部分情况下会把服务员喊过来，多数情况下就是和同伴抱怨下次再也不来了，然后就扭头走了。有些做得好的门店，可能会放一个客户意见本。但实际上，本子是挂在那里了，又有多少客户真的会去写意见，就算写了意见又什么时候才能反馈、改进？现在很多用户微信群在这方面就做得很好。客户有了不好的体验时，可以第一时间在微信群里面表达。这个背后不是观察客户、数据驱动，而是客户直接表达出自己的需求，让商家可以更快速地了解到客户需求，从而进行优化。

很多人会担心客户把问题在微信群里讲出来，会不好。其实好不好的关键，在于你是不是真正以客户为中心。如果你是真的重视客户的反馈，并认真去做。你的每一次“危”背后其实都藏着“机”——人们会透过你的言行举止来建立与你的信任关系。其实，这是微信群之于商家的第三层价值：从洞察客户痛点，变成客户直接主动表达自己的痛点，门店识别后可以即时反馈、迭代。

人性的贪婪，营销的根本

有一个被很多人忽视的事实——用户才不关心你的产品是国外进口，还是顶级设计师打造，他们只在意你的产品能够给他们带来什么利益，相信吗？

其实说到人性，我脑海中首先浮现的就是“贪婪”二字，人类的衣食住行各个方面，无不反映出人性贪婪的弱点。人们天生都是“贪婪、自私”的，但是这并没有“善恶”之分。在食物极度匮乏的远古时代，为了生存，为了基因的传承，必须采取利己的策略。如果在那时候，你天天“学雷锋、孔融让梨、舍己为人”，早就饿死、被淘汰了。因为人性的贪念，促进了产品功能越来越齐全；促进了企业服务、制度、品牌理念的一项项完善；促进了营销手段覆盖更加全面；促进了产品价格越来越“多样化”……

为什么这么说呢？

《善恶经济学》作者托马斯·赛德拉切克说过一句话“不满足”成为让我们进步和成长的引擎，也会让我们自己成为一个永不满足的引擎。因为贪婪，品牌们要永远用最佳的价格满足消费者日益增多的需求，说简单点儿，用户永远想用1块钱买到10块钱的服务。当一切都风平浪静的时候，贪婪似乎只是一个名词，而当现有的东西成了紧俏的商品时，人们就会不自觉地爆发出自己最原始的本性。从众心理会不断地给予人们暗示，如果现在不去抢夺，那么就彻底没有机会了。

贪婪是人的本性，也是人性的最大弱点。贪婪很容易让人失去理智和正确的判断力。贪婪是魔鬼，然而贪婪的弱点却是商家最好的利用工具，无数商机都是来自贪婪的弱点。人性的贪婪，是催生各项营销活动产生的根本。满足消费者与日俱增的欲望，满足消费者的贪念，品牌才能让用户主动购买，而不是被动去引导消费者，因为消费者的贪念会促使他们自身主动去购买产品，与品牌亲近。

举个简单的例子。你经营一家咖啡店，推出了买新品办卡加会员以后享受八折活动，这个时候你觉得冲着以后的八折优惠，会有多少消费者主动放弃呢？品牌只有牢牢抓住用户的贪婪，才能化被动为主动。

，

一下

当你想说放弃的时候

第三章

坚持

你的坚持，请确定好前进的方向

你要去哪里

当“晒”已经成为生活中必不可少的部分，再伴随可支配收入的提高，很大一部分消费者形成了“颜值即正义”的新型消费观念，对企业来说，“颜值”一词也从最初的营销噱头，逐渐深入到企业创新理念中，同时也越来越被传统商业领域所关注。可以说，2019 年是万物皆颜皆潮的一年。

一场突如其来的新冠肺炎疫情，使得“宅家”在毫无准备的情况下成为全民行为。以至于网上很多人自嘲称，“过年前买新衣服、做头发的时候，真没想到一件睡衣就能过年”。然而，在社交媒体，视频、图片环境中成长起来“晒一代”，早已掌握了列斐伏尔所说的“日常生活审美化”的基本状态，即使宅在家中，也乐于对外界展示哪怕“一平米”的精致和美好。

如果将消费中的审美从场景角度进行分类，可以分为“公共空间审美”和“宅审美”两个不同类型。公共空间审美具备的空间特点有：大空间展示性、多角度观赏性、流动性。适用的场合主要是户外、商业场所、办公空间、聚会等。公共空间审美的时间特点是即时、效率、结果导向。审美目的“悦人”大于“悦己”。主要涉及的行业包括：

外出服装、化妆品、办公空间装饰品、堂食餐饮、包装类零食等。

与之相对，宅审美具备的空间特点有：小空间展示性、单角度观赏性、静态。适用的场合主要是室内。宅审美的时间特点是慢速、消磨、过程导向。审美目的“悦己”大于“悦人”，心理需求的基础是在平淡生活中寻找艺术、寻找美，寻找过程中的成就感。主要涉及的行业包括：居家服饰、家居家饰、餐厨用品、酒具茶艺用品、宠物用品、小型健身用品等。

而你在这波创业大潮中，想清楚了自己的定位吗？所有创业者在创立公司之初都会给企业定个发展方向、战略规划，也就是企业最终要走向哪里。具体该如何确定呢？

如果你想确定方向，那么有两个核心的维度必须考虑：一个是时间，一个是空间。在什么时间去哪个市场。但是一般的创业者会只关注时间，而没有考虑空间；或者只关注空间却没有考虑时间。比如：餐饮店开业往往会选择在国庆前，那么空间怎么确定呢？是在商场，还是在大学城？这点非常重要。西少爷肉夹馍，一天可以卖出 10000 个馍。他成功的核心只有一个，就是位置特别好。在时间的选择上，要考虑旺季和淡季的区分。空间的选择上，要考虑成本和效率的比。很多工厂，宁愿选择沿海地区的高成本，也不选择西部的各种政府补贴，给地给钱。那是因为沿海地区的工作效率和人才是西部地区无法比拟的。表面看上去成本高了很多，实质上，所赢得的利益大多了。

企业的战略方向确定了之后，就要开始考虑商业模式的设计。商业模式又是从五个维度来设计的。所有的商业模式都是为了黏住客户。五个维度包括：产品、渠道、用户、运营、现金流。

作为老板，你需要考虑的就是用户和现金流。掌握了用户和现金流才是企业立于不败的关键。企业发展的基石是人才团队，人才也是企业未来要融资和招商的第一步。正所谓“物以类聚，人以群分”，作为企业家老板，一定要善于挖掘人才培养核心团队，以人才吸引人才。

最后，记住“善战者以奇胜，以正和”。一般作战都是用正兵交合，以奇兵取胜。因此，善于出奇兵的人，其战法变化如同天地那样无穷无尽，像江河一样不会枯竭。我们在企业经营管理中要么不动，动了就要出奇制胜。

如何保证企业发展一直在正确的轨道上

第一，企业的具体战略要符合根本战略。

第二，如何制订具体战略。

1. 正确了解当前的经济规律。
2. 正确了解宏观环境。
3. 正确了解行业动态。
4. 正确了解竞争对手。

第三，检验企业战略的标准。

1. 企业的战略是否与企业长期发展目标有冲突。
2. 战略是不是与企业的竞争优势不一致。

3. 战略是不是体现企业的市场定位。

4. 战略目标是不是分解成为一个一个子目标。

先生存还是先发展

企业经常面对生存压力吗？这种压力下，你的第一反应会是什么？“先想办法活下来，只有活下来，才能想发展！”

——没想到吧，这个念头是最糟糕的！

曾经很多人都信奉这种想法，也因而能更实际地看待企业现状，降低“好高骛远”的风险。然而，这样的时代已经不再，而且是“不被觉察”地早已过去。或许你会觉得这么说言过其实。其实，大家有没有想过：控制“好高骛远”的风险，是在怎样的环境下让企业获得发展机会？而我们当下所面临的环境，是否依然具备同样的特质？所以，如果你仍然信奉“先生存后发展”，坑你的，不是这句话本身，而是时代的变化以及你对此毫无觉察！

有一个故事。一只狮子和一只老虎，不知怎么搞的就打起架来。最终，两只动物都奄奄一息了。这时候，老虎对狮子说：“如果不是你想侵犯我的地盘，我们今天就不会落到如此的下场。”狮子说：“没有啊！我从来就没有想要侵犯你啊！”老虎说：“可是我一直想，你一定会侵犯我。”

这是一个看起来不太好笑，但却引人深思的故事。企业界中的情况也是一样，为了争夺市场，为了使企业的经营业绩能够提高，企业家们一定都是想尽办法。在这种状况下，企业之间的竞争必然白热化。很多人情愿守着“先生存后发展”的信条，来保护自己的感受，毕竟它曾经产生过作用。一旦进入这种自欺欺人的循环，离保障企业生存的基本要求线也就越来越远。如果习惯于工业时代的语境，我们可以把合作时代的生存模式解读为：“发展即生存”——以吻合趋势的发展眼光定义生存，才是企业存活的前提。如果用合作时代的语境来解读，即为：以时效性匹配不断提升的多变需求，是企业存活的前提。

计划微不足道，规划博大精深

美国前总统艾森豪威尔有一句名言让我印象深刻，“Aplan is nothing，planning is everything.”就是说，计划根本不重要，规划才是真正可以体现成效的。

中国人更聪明。这句英文译成中文是怎么翻译的呢？翻译得非常到位——计划微不足道，规划博大精深。意思就是，既要计划，更要规划。没有计划，就要穷忙；有了计划，就会不忙。有规划才会有行动，有行动才会有可能的效果、成果。如果什么都不做，那当然就什么都不可能有了。

你不要一天到晚埋头拉车，从不抬头，连路在哪里都搞不清楚。为什么要抬头？你要看地图啊！你要去哪一个城市，你总得要看看时间，看看列车的时刻表。你坐飞机也要看看时间，知道到底几点飞，才有办法安排你的行程。这就是计划，很简单的。如果要更深入一点儿，那当然就要作规划。计划也好，规划也罢，其实都是管理，管理恰恰就是在建造一个全方位的、整体的运营机制。必须经常思考这个运营机制，而考虑的方向、考虑的思维一定是要从未来看现在、从外看到内。

从未来看现在，就是要先考虑未来可能发生的事情，再来看现在应该做什么；从外看到内，就是从顾客的角度、从市场的角度来看待自己的企业，思考企业应该做什么。

你的勇气，善于模仿且敢于超越

“模仿”非但不可耻，还很有必要

有人说，“模仿是独创之母”。据说，莫扎特就是从模仿他人的音乐开始，最终谱出其独创的乐章的。艺术性的经营或许也是从模仿开始。实际上，我认为在商业领域，能够颠覆常识、创立新事业的那些著名的经营者，就非常善于模仿并且懂得如何参照他人。你知道吗？据说大和黑猫宅急便的创业灵感就来自吉野家的牛肉饭。创立宅急便的小仓昌男在他的作品《小仓昌男经营学》中写道：在看到仅靠牛肉饭就成长起来的吉野家后，他便冒出了“专注运送货物”的想法。在推进宅急便的业务进程中，他的参照对象并非仅吉野家一个。他在前往纽约进行业务指导与视察时，“在十字路口，我不经意间注意到以交叉口为中心，路边停了 4 辆 UPS（United Parcel Service）的车”。从那时起，他确信了以收发密度为基轴、开展到家配送业务的可能性。

对 7–11 之父铃木敏文来说，他也有同样的经验。听说，铃木在前往美国进行工作视察的途中，看到 7–11 的招牌，直觉告诉他，能够拯救日本小规模零售店的就是“这个”。在运营多家小规模店铺的 7–11 背后，其业务协作之所以能够顺利开展，正是因为其中存在着某种本质性的体系。可以说在商业领域也是这样。即便是其他公司怎样也模仿不了的事业结构，调查之下就会发现，它或多或少也是通过模仿而来。不可模仿的结构正是通过模仿诞生，这就是“模仿的悖论”。

果真如此的话，正是由于要追求独创性，模仿的力量反而变得更重要。我们应该懂得模仿的方式，在进行模仿之前掌握要领，不断提高自己的模仿能力。

模仿式创新的两条路

自古以来，大家都尊崇一点，那就是抄写底本是学习的基础。据说，古罗马时代，学生们都要勤奋地进行模仿训练，从背诵、抄写到用自己的话进行解释。那时，模仿是追求独创性与创造性之路上不可或缺的技能，人们也鼓励去慎重地选择模仿对象。东方的抄经也是同样的道理吧。回顾往昔，模仿本身正是一种美德。

让我们再看看重视创造的艺术领域。如果详细地调查那些被称为具有创造性的作品，会发现它们都存在向模仿对象学习的痕迹。小说、绘画或是音乐，凡是被评价为具有独创性的，都会参照或引用过去伟大的作品。在此基础上，我们才会强调它与其他作品的差异和独创性。彼得·德鲁克曾说，一个企业只有两项资源有价值，一项是用户，用户心中的那团火；一项是技术，企业开发新产品、新业务、新模式的能力。除此之外所有东西全是成本。基于这两项资源，中国企业多数模仿的是技术，创新的是用户体验。比如腾讯，没有一个产品是腾讯在行业里首先做的。QQ 是模仿以色列的 ICQ，而当时在国内与 QQ 并驾齐驱的产品是 MSN，但谈到对中国网民的理解，没有哪家公司会比腾讯更深刻，腾讯是典型的模仿技术、创新市场的模式。MSN 输给 QQ 是因为两个产品的定位完全不一样。MSN 定位成商务交流，QQ 是社交，定位差别就造成两个产品命运的区隔。QQ 当时开发了两个功能被 MSN 嘲笑，一个是表情包。QQ 做表情包，MSN 却认为没有必要，商务交流主要是信息交流，信息交流不需要太多表情包，而社交是情感交流，很多情感通过语言讲不清楚。第二个功能是 QQ 聊天记录存在服务器，而 MSN 存在本地机。商务交流大家基本上在办公室有一台固定的电脑，而 QQ 的使用环境主要是网吧，今天和明天的地方不一样。所以这种体验差别，造成了两个产品命运的天渊之别。中国企业首先盯着边缘市场，在抓住边缘市场的时候，一只手做模仿，技术上模仿，但是在用户体验上做创新。这是中国企业在选择一个低端市场，从边缘向中心进攻的时候，所能找到的最好道路。模仿式创新的第二条路是反过来做，盯着竞争对手的市场，顺着其脚步走，但是创新一项技术。云南白药做创可贴，是盯着强生进入市场，渠道不需要教育，用户不需要教育。云南白药的教育成本低、渠道成本低、广告成本低，唯一要做的是在技术上营造差异化，喊出创可贴“有药好得更快些”。

中国企业走到今天，手上拿着两支箭。一是利用高端企业遵循完美管理，从一个边缘市场切入，逐步蚕食。二是中国企业将模仿和创新这两个成分非常有机地结合在一起，打造的是一条以模仿为基础和前提，以创新为差异化的道路。所以前者是道路选择，后者是战略选择。

你的眼界，不从全局出发的决策不是好决策

眼界决定格局

早在 20 世纪 80 年代末、90 年代初的时候，写作事业如日中天的郑渊洁每天都会收到大量读者的来信，最多的时候，每小时的来信以千封计，以至于北京市邮局专门为他设立了一个邮箱。后来来信越来越多，多到家里都装不下了，他又无比地珍惜这些读者的来信，于是决定买房子来安放保存这些来信。当时北京的房价每平方米是 1400 元，郑渊洁索性一次买了 10 套。一次性买 10 套房子，无论财力还是胆识，真不是一般人能比，如今，这些房子的价值早已上涨了几十倍。按一般人的思维，最多也就买一两套，然后把钱存在银行，稳稳当当地过自己的安乐日子。所以有钱人的思维就是，手里有钱，马上拿去投资，然后钱生钱，雪球一般越滚越大。现在，北京的房价早已发生了翻天覆地的变化，郑渊洁的这些房产，价值已经翻了十几二十倍，大部分都变成了学区房，成了许多奋斗在北京的人可望而不可即的梦想。

也许有很多人认为，郑渊洁今天的财富来得实属意外。但是我想，当年也有不少人是有钱买得起房子的，可因为种种原因，就是没有买成，错失了买房的最好时机。那些人错失了买房的机会，也有可能会错失别的机会，但凡需要作出慎重决策的事情，犹豫的人会一直犹豫，

果断的人什么时候都那么果断。

在思维上畏首畏尾的人，总是该买的没买到，该换的没换，该做的又鼓不起勇气，几年后，只能对着别人的风光望洋兴叹。郑渊洁幼时家境贫寒，文字改变了他的命运，然后他又用自己超前开阔的思维，改变了他们一家人几辈子的命运。所以对于有钱人来说，工具绝对不是他们致富的关键，思维和眼界才是。

这世界通过抉择来惩罚莽撞的人

管理学上有个兰德定律，由美国兰德公司提出：世界上每 100 家破产倒闭的大企业中，85% 是因为企业管理者的决策不慎造成的。

西方哲学史上，有个著名的故事——“布里丹的驴子”。一位名叫布里丹的哲学家养了一头驴，这头驴特别喜欢思考，凡事都喜欢问个为什么。一次主人为它安排的午餐，是两堆体积、色质都一样的干草。这下可把它给难住了，两堆干草没任何差别，让它难以抉择。最后，这驴子面对两堆草料被饿死了，它也因此“名垂”哲学史。驴子之所以饿死，是因为它拥有自由，害怕选择错误而死。自由在希腊本来就有“刑罚”之意，因为它意味着你要进行抉择，但作决定的过程往往充满未知和痛苦。现实生活中，当然没有那么理性的近乎愚蠢的驴子和人。但更多人在抉择时会变得浮躁，似乎答案本身比思考过程更重要。

在高速路上开车，前方发生严重车祸，这时视力好的人告诉你：赶快踩刹车！专注于开车但视力不佳的你可能会感到愤怒：疯了吗？

这是在高速路上。

普通人看表象，智者看远方，圣人看本质；高效的本质，是看清真相，找对方向和方法。雅虎曾是引擎界鼻祖，Google 那时还未出世；ofo 和摩拜最早进入共享赛道，风光无限；乐视集团 2014 年的总收入就近 100 亿元。可如今呢？

公司存活是靠一系列大大小小的决策来决定，而世界却通过错误的抉择来惩罚莽撞的人，这也是很多人恐惧作决策的原因。如何正确、高效作出决策，并确保方案落地执行，越来越成为每个企业家在管理中最重要的一环。

决策途中的三道坎

决策本身是发现和解决问题的过程，表面看只是多部门信息共享和头脑风暴的过程；但实际上，它牵涉多方利益，需要多维度综合考量各种因素。因此，大部分业务决策过程普遍漫长且低效，其中影响最大的因素有以下 3 个。

1. 利益相关者无法达成共识

企业为避免认知局限，通常会让利益相关者都参与决策。但群体决策，同样会出现以高层唯首是瞻的权威效应或少数服从多数的羊群效应。任何没达成共识的决策都有风险，如果参与者内心不认同方案，他们就不会进行自我承诺。被动执行决策的员工，不仅难以全力以赴投入，甚至潜意识会导致拖延行为，这大大阻碍了方案的推进。

2. 缺乏科学的决策流程

许多企业在决策过程中，混淆了决策流程和工具的关系。他们引入各种经典或新颖的决策工具：波士顿矩阵、SWOT 分析法、任务分解法（WBS）、价值链分析法、宏观环境分析法（PEST）及鱼骨图分析法等，但最后却发现，这非但没让决策过程更高效，反而让参与者感到焦虑和迷茫；企业在各类工具中反复验证而耗费大量时间和精力。企业需要一个清晰高效的决策流程，而非各种烦琐工具；决策参与者只需熟练运用几个经典决策工具即可。

3. 决策执行出现偏差

在实际工作中，企业往往无法一次性作出最佳决策，因为问题解决方案不止一种，只能通过执行来验证。很多时候，一个看似各方面都完美的方案，执行效果却不理想。原因多种多样：信息没被准确传达，下属执行有偏差，员工忽视潜在风险，让事态发展失控，利益冲突和资源制约，项目推进缓慢，等等。相反，一些有明显纰漏、条件和资源都不成熟的方案，反而结果超乎预期。这是因为参与者在推进过程中，通过多方努力，逐步完善了方案；每个决策者都重视决策中的最后一环：落地执行；都思考如何通过执行让决策方案达到最佳效果。

好的决策方案，应该包括一个清晰有效的落地推进流程，而非把执行内容简单地进行传达。

科学决策四要素

第一，我们作决策的时候，并非只是简单的二选一或三选一，要想想现有的方案是不是能想到的最好选择？还有更好的吗？就像普利斯特里在原有方案上扩充了一些选项，扩大了决策的范围，实际上间接提高了决策的质量。

第二，要实事求是做一些基础调查，分析清楚来龙去脉。重大决策要花点儿时间，不要想当然拍脑袋做选择，而是要做一些基础的调研，评估与分析每项的优劣。比如普利斯特里向他朋友了解雇主的基本情况，收集一些看法和意见，以便对自己的前景有一个相对客观的评估。

第三，要从更长远的角度去考虑，而非仅考量短期利益。

第四，任何决策都有可能失误，关键是否有应对预案。比如普利斯特里在事前就与雇主约定好“分手”契约，事实也证明这不仅在后来很好地保障了他自身的利益，也让他与雇主仍然保持着良好的关系。通常中国式的惯性思维是大家和和气气，“丑话”都不愿说在前面，但一旦真的发生决裂，两方最终会闹得很僵，可能就是“老死不相往来”，甚至整个事态会朝更加失控的方向发展。

这四点启发可能看起来很简单，有时我们也会用，但往往只是用了这四点中的一两点，或者是无意识在用。如果面对重大决策我们有意识去养成这种科学决策的思维方式，或者去应用科学决策的流程，那对提高决策质量和个人成长都会有很大帮助。

你的心态，别让自己死在明天晚上

长得好看的人，更容易成功

在这个看脸的时代，很多人会用调侃的语气说：“你长得好看，说什么都对！”

对美丽的人，人们会不由自主地更愿意倾听并相信他们的话语。

高颜值的人，似乎什么都更容易一点。更容易找到好工作，更容易签下合同，更容易升职加薪，更容易获得友情和爱情……

所以，越来越多的人愿意为颜值买单。因为颜值一定程度上决定了收入，决定了你在职场上能走多远，甚至决定了你的感情生活是否如意美满。

这里边的道理也不难理解。美好的情绪是可以传染的，一张精致、整饬的脸，显然会让人精神更放松、心情更愉悦，而外部环境的柔和、善意，当然会传导、反映到本体上。就像你常常认为的那样，颜值好、乖巧的人会获得更多的机会一样。

颜值就是一张不需要随时拿出来，但却随时提醒别人注意的名片。看到了，记住了，有时候还印象深刻，这在注意力经济的时代，无疑是一种高效的传播方式。

这也意味着，在容颜上多花些心思、多花些钱，至少在投入产出比上是划算的。而“颜值经济”的悄然兴起，则为这些“小心思”提供了足够的便利，不管是习惯认识中更看重颜值的女生，还是作为新的消费支撑的男生，都一样为一张脸费尽心力与财力。

心态不好，能力再强也是弱者

心理学家把人的价值观分为两类，一类叫“弱势价值观”，另一类叫“强势价值观”。两种价值观，其实体现的就是两种不同的心态。持有“弱势价值观”的人，遇到问题习惯问“凭什么”：凭什么别人过得好，我过得差？我本来好好的，凭什么得病的是我？条件差不多，凭什么别人能升职，我原地踏步？……在这些人心里，只有抱怨、指责、愤懑，他们当然无法体会到成功和幸福。持有“强势价值观”的人，遇到问题会问“为什么”：为什么会造成这种局面，问题出在哪里？是主观原因，还是客观原因？如果是主观原因，是自己智商不行，还是情商、逆商不行？当下如何解决？

在这些人心里，有的是反省、剖析、调整、改进，他们会设法战胜困难、走出阴霾，最终拥抱幸福和快乐。心理学上有一个效应叫“费斯汀格法则”，也证明了心态对生活的极端重要性。它认为，生活中的10%是由发生在你身上的事情组成，而另外的90%则是由你对所发生的事情如何反应所决定。换句话说，你控制不了前面的10%，但完全可以通过你的心态与行为决定剩余的90%。这也正是“一念天堂，一念地狱”的道理。没有绝对的好日子，但我们却随时可以选择好心态。

心态不好，能力再强也是弱者；有了健康的心态，才会拥有幸福的人生。作为血肉之躯，我们都是凡人，在人生路上遇到坎坷时，我们不要逼自己太凶，对自己太狠，给自己提出太多不可能实现的目标，要学会接纳自己的平凡。大事小事，都会成为往事。好好活着，才会有更多的好事发生。对自己宽容一点儿，让生命之弦松弛一点儿，心情就会变得舒畅些，心境就会变得温馨些，自己也自然会慢慢走出阴霾、迎来阳光。

人生下半场，拼的往往不是财富、地位，而是心态。

你需要什么样的心态

对于创业者来说，心怀梦想必然很重要，同时更要有比常人更加坚定的决心，相信自己的梦想会变成现实。

1. 要有执着的心态

执着是追求成功必备的品格。执着，即不达目的誓不罢休的精神。当你具备了最基础的创业心态，有了自己的目标与梦想，当你对自己的事业产生了责任感，对于你所从事的事情，你就自然有了想把它做成做大做强的动力。

有句话说得好："成功根本没有什么秘诀可言，如果真的有的话，就是两个：第一个就是坚持到底，永不放弃；第二个就是当你想放弃的时候，回过头来看看第一个秘诀：坚持到底，永不放弃。"很多人一遇到困难就容易产生放弃的念头，所以大部分人不能成功。只有少数人拥有永不放弃的强烈信念，所以他们走向了成功。创业不是一朝一夕的事，不会一帆风顺，困难和挫折是必然的，但坚持就是胜利。走到最后的人不一定成功，但是半路放弃的人，连成功的机会也没有。

2. 要有历经磨难的心态

“创业只有3天顺境，剩下的全是举步维艰”，想必每一位创业者对此都深有体会。创业是一件残酷的事情，一开始就取得创业成功的人为数不多，更多面临的是失败。旷日持久的孤独、焦虑、痛苦，伴随一个接一个的“坑”，不断锤炼着创业者的身体与精神。但也正是因为这些磨砺，创业者才得以成长。

面临困境的时候，要学会鼓励自己，给自己打鸡血，把挫折当成一个修行的过程，体会痛并快乐着的感觉。都说创业者的内心是脆弱的、柔软的，一个成熟的创业者内心应该是坚毅的、坚强的。把玻璃心换成金刚钻，你面对困难无法解决的时候，你就问问自己的内心是不是足够坚强和坚毅，把所有的痛苦都当成一个快乐的经历，那些困难就不再是困难。

3. 要有一定会成功的心态

罗曼·罗兰说过，先相信自己，别人才会相信你。成功的关键在于相信自己有成功的能力。自信是人不可缺少的正能量，自信的人不怕困难，自信的人会变得勇敢，成功路上，自信必不可少。因此，做个自信的人吧，只有自信才能赢得他信，赢得成功。要知道，各行各业都有创业成功的人，既然别人能成功，你为什么不能？即使你现在还没有成功，也不要轻易地就放弃，这世上从来没有失败者，只有放弃者，就看你有没有全身心投入，能不能坚持到最后。

创业从来不是一件易事，走上创业这条路，就没有回头路，只许成功，不许失败。因为老板是这个世界上最孤独的“英雄”。

戒掉你的玻璃心

很多人会说我玻璃心是因为“天生敏感”，或者说“我自尊心强”（好像别人都没有自尊心的样子）。其实，人们常常容易混淆“自尊心强”和“高自尊”的概念，以为“玻璃心”是高自尊的表现，而事实上，这恰恰是低自尊的表现，也就是我们常说的“自卑”。越自卑的人，自尊心越强。且能力和自尊需求成反比，能力越低，越执着于别人的认可。自卑的人会过于关注别人对他的评价，而忘记了自身给他人，包括公司、老板和同事带来的价值感。自卑让他们希望不断从他人的认可来获取优越感，从而填补自己内心的匮乏。如果没有，就会觉得环境太苛刻，老板太无情，同事太刻薄。总想通过换工作来改变。但一个不会游泳的人，不管换到哪个游泳池都没用。所以，“玻璃心”这件事儿，还是得从根儿上即“自尊”谈起。

治愈“玻璃心”不能靠“以毒攻毒”，还是得回到根儿上，既然是因为“缺爱”造成的，就要用“爱”去解决。先接纳，再改变。

1. 找到“接纳”你的人

我有个女助理，平时性格非常开朗外向。但是一起工作不久就发现她可真是“玻璃心”啊，你夸奖她 99 次，批评她 1 次，她就会一直对那 1 次批评耿耿于怀。后来才知道，她从小父母离异，复杂的家庭背景导致了她的个性。但是透过她的“玻璃心”，我也看到了她认真、要强的一面，所以在工作中通过多鼓励，慢慢地帮她找到了自信。“玻璃心”的人需要身边有人，哪怕就一个人能够接纳他，先让他认为自己是一块“钻石”的料，然后再打磨，才能真的变成一颗熠熠发亮的“钻石”。这个人可以是老板、朋友、导师、伴侣，可以是任何有包容心的人，能用“接纳”帮他打破低自尊的恶性循环。

2. 不断通过成绩建立自信

既然能力和自尊成反比，能力越低，越觉得别人看不起自己。想要从低自尊跳转到高自尊，就要不断提升能力，用实际结果来为自己增加自信。这个自信可能一开始仅仅是专业上的自信，但慢慢地会变成人格自信，也就是之前提到的，自尊的三大支柱之一——“自我观”，我怎么看待自己。就好像咱们国家，一开始通过“中国制造”建立专业和实力上的自信，现在则慢慢开始变成“文化自信”。这是一种更高级的自信。

3. 正视现实接纳自己

在积累经验的过程中，你知道自己的能力可以承担什么样的任务，说白了就是你知道自己几斤几两，这时候的你就会越来越客观地看待现实，接纳自己。也只有这样，才能禁得起赞美，也受得住批评。外部的打击就不会轻易影响到你了。

你的觉悟，这不是百米冲刺

重要是跑完全程

跑过马拉松的人都知道，想要跑马拉松，你必须经过严格的训练，也许一开始先训练跑 1000 米，慢慢适应后再跑 5000 米，经过一段时间的训练后，再增加到 1 万米、1/4 马拉松、半马，最后才是全马训练。这种训练需要日复一日、年复一年，等训练合格了，才能去参加真正的马拉松比赛。而且在比赛的过程中还要掌握节奏，不紧不慢，什么时候该加速，什么时候该减速，什么时候要补充能量都很有讲究。而且马拉松很多时候，是自己对自己的奋斗，在这个竞技场上，任何人都无法真正帮助你，因为路需要你自己一步一步跑完。而百米冲刺，讲究的是爆发力，持续的爆发力，需要你用尽全力，以最快的速度抵达终点。倘若你以百米冲刺的速度来跑马拉松，肯定会半途而废。

创业也是如此，它不是百米冲刺，而是一场马拉松。

给自己精准定位

第一次创业的朋友不要一下子就投入所有的资金、资源去验证模式，去找方向。而应该用最小的成本，用精益创业的方式去验证模式，找到方向。很多创业者连方向都没有找到，就开始大投入，等找到盈利模式的时候，钱已经花完了。真正聪明的创业者都很谨慎，他们会花最少的钱去验证各种模式，等到他们真正找到了方向之后，才会放大投资，真正招兵买马开始大干一场。

因此，要用最少的成本去试错，找到定位，然后才去聚焦发展。

初心要正

很多老板，什么都没有想好：你为什么要创业？你是谁？你的客户是谁？你能帮助客户解决什么问题？你如何帮助客户解决问题？你创业的使命是什么？你的初心是什么？一切都没有想清楚，见人家创业赚钱了，就稀里糊涂地投入创业大军。这种创业者的结局可想而知。

因为初心、使命很关键，决定着你能够走多远。倘若你没有一个正确的初心，也没有创业的使命，只是想赚点儿钱，那么当你遇到点儿挫折就容易打退堂鼓，遇到点儿诱惑就想改旗易帜，经常换项目，经常被人当韭菜割。即使赚到了钱，道路也不明晰，会时常陷入迷茫。无论是创业者还是企业家，都想把自己的企业、公司做大、做久，想要更长远的发展，更好的发展，但是在现在这个趋势下，很多企业家想得更多的可能是，如何才能让企业继续保持着发展，如何让企业存活得久一点儿。现在有不少公司在成长到一定程度后，逐渐染上了“第二天”这种病，导致整个公司失去了创业最开始的那股激情，被各种烦琐的流程干扰，被一些外界因素影响变得飘飘然。

每个成长的企业，都会付出成长的代价。有些代价是不可控的，有些代价是企业发展到临界点后，“染病”造成的，比如采用所谓“成熟公司”的处事方法，最终失去了最初获得成功的一些品质。创业之路的艰辛，没有经历过的人不会知道是什么样，然而那些经历过的人，在时间的积淀下，不仅淡忘了最开始最难熬的艰辛，更忘了当初创业时的那颗初心。所以创业的初心很重要，希望每一个创业的老板，都要想清楚你创业的使命。我们创业的发心一定要正，这样才能决定你的方向，决定着你到底能走多远。

高维布局

其实，很多创业者之所以做着做着就死掉了，就是因为老板没有布局的能力，准确地说就是没有高维布局的能力，老是用一维（线）和二维（面）的角度去思考问题，经常一叶障目，看不见过去，看不到未来，不会站在更高的维度来看待问题。所以说老板的层次决定着企业的发展高度，老板思维层次高的话，企业肯定不会发展得太差；所有创业失败的老板，均是没有高维布局、统筹谋划的能力。

俗话说，站得高，看得远。你站在一楼看远方，永远比不上站在38楼看得远，看得广；站在一维层次里思考问题永远比不上站在四维、五维的层次思考得全面。因此，企业想做得长久，老板必须拥有高维布局的能力，每当遇到问题，就要跳出问题本身，站在更高的维度来解决问题。

长远目标

做企业，如同养孩子，从无到有，从小到大，必须经历一个过程，不是一蹴而就的。在制定企业目标时，一定要着眼长远，站在 3 年、5 年甚至 10 年后，看企业到达一个什么层面，因为 1 年的目标和 3 年的目标、10 年的目标肯定不同，你只有着眼长远，遇到事情时才能不急不躁，心态才能放平稳。而且做事都应遵循企业的发展规律，不应逾越规律，更不能拔苗助长，否则，企业会死得很惨。

举个典型的例子，1984 年，刚刚改革开放，虽然当时的家庭物质基础比较薄弱，但人们对美好生活的向往还是比较迫切的。随着经济发展越来越好，人们手里多多少少都有一些钱，对家电的需求也逐渐增加，市场逐渐供不应求。当时有一句话：哪怕是用纸糊的家电也能卖得出去。很多企业为了满足市场需求，不断扩大产能，产品质量就无法保证了。而这个时候的海尔，发生了一件后来广为人知的事情：砸冰箱。张瑞敏砸掉了 76 台略有瑕疵的冰箱，这对当时的海尔来说虽然损失了相对巨大的经济利益，但也在员工思想上树立起了“质量第一”的观念。砸掉冰箱的同时也砸掉了旧观念，员工的思想有了很大的触动，这为以后海尔的飞速发展奠定了坚实的基础。

从此，所有海尔人心里种下了一颗种子：要以人为本考虑问题，产品质量高于一切。虽然当时的家电市场供不应求，但海尔并没有盲目地扩张、增产，而是专注产品质量的提升。这种投入从长期看会获得更大的收益和增长。

长远目标，决定企业能走多远。

聚焦执着

新手创业，往往是认准一个项目，做几天，发现不赚钱就换项目了。有些人比较聪明，也比较肯下功夫，做一个项目，死磕 3 个月，就开始赚钱了。比如，现在自媒体时代，搞社群营销，教育培训类项目，在互联网上做，出单其实蛮容易的。但是也带来一个问题，赚钱了，就扩大自己的项目概念，也就是说，比如开始是做创业社群的，后来就想做营销社群，再后来，又想做企业家的生意。总之，欲望在膨胀，目标也不聚焦了。结果，收入就降低了。一旦确定创业的发心、使命，明白我们 3 年、5 年，乃至 10 年，甚至一辈子的目标以后，我们就会聚焦这个方向，坚定不移地走下去，这样在发展的路上，不论遇到何种诱惑，都会心无旁骛、坚定脚下的路不放弃！

所有的收获都需要你 120% 的付出，没有谁可以简简单单就成功的。罗振宇的《罗辑思维》，每天死磕 60 秒的语音，持续坚持了 7 年，有了这种死磕到底的劲，才把事做成了，才有了今天的罗辑思维，闻名国内外。

问问自己：你有没有真正把心放在这件事上，有没有做到专注？有没有不断去尝试，这次不成功的原因是什么？我可以有什么好的方法再次尝试？

只要方向没错，终会有做成的一天。只要你坚持下来，剩下的就交给时间。只有用跑马拉松的心态不急不慢的节奏创业，才是真正稳健的创业。因为这样的节奏才可以做一辈子，短期看也许收益很小，但是拉长时间看，收益会很可观。一辈子做成功一件事情足矣。

你的认知，创业的过程就是吃苦的过程

创业是为了吃苦吗

很多人的创业初心都很简单，想通过创业实现财富自由，达到人生巅峰。只是理想很丰满，现实很骨感，让很多人尝尽了创业的苦楚。虽然那些创业大咖今日的荣耀让人羡慕不已，但是创业背后的辛酸没有人能体会，可以说今日的辉煌成就，是过往所有的经历与失败换来的，没有任何人的成功是随便得到的，创业也没有无缘无故的轻松。如今蒸蒸日上的阿里巴巴，其创始人马云也是堪称创业史上的楷模。高考三次都落榜了，好在英语成绩很好，最后被杭州师范学院破格录取，也正因为这样“屌丝”才开始逆袭。可以说马云后来的经历真的和他上大学是有关系的，在大学里认识了什么人，得到了哪些机会，最终阴差阳错地去了美国接触到互联网。如果马云没有接触到互联网，现在不一定是去做什么行业了。可能会在其他的地方创业，但是中国的互联网起步可能就不会这么迅速。马云的创业故事颇具戏剧性，也很艰辛。无论是当初的海博翻译社、中国黄页，还是现在的阿里巴巴，马云以及背后的团队付出了多少个日夜的辛苦，无人知晓。当初的阿里巴巴的“十八罗汉”，在“不向亲戚朋友借钱”的前提下，筹了50万元本钱。这其中包括马云的妻子、当老师时的同事和学生、患难朋友，当然还有被他的人格魅力吸引来的业界精英，如阿里巴巴首席财务官蔡崇信，当初抛下一家投资公司年薪 75 万美元的副总裁职位，来领马云每月支付的几百元薪水。

马云下了死命令，每个员工必须把房子租在离他家五分钟可以到达的路程之内。那时候的工作是不分日夜的，而大家最开心的时候，就是马云亲自为大家下厨，端上一桌好菜。当时马化腾已经做大，张朝阳成为商业大佬，阿里巴巴却还很艰难，大家都不看好淘宝的模式，为了能坚持下去，马云引进了软银，后来还卖股份给雅虎，可以说这几年的阿里巴巴为当时的睿智的投资者们提供了丰厚的回报，没有他们也没有阿里巴巴的今天。然而，最令马云印象深刻的就是排除众议推出支付宝，事实也证明马云这次决策是对的。

你可以相信创业有可能会成功，但是绝对不是轻松就可以获得的，与你的努力坚持是分不开的。没有谁天生就过得容易。只有全力以赴，风雨兼程，才能早日迎接苦尽甘来的那天。

明确自己的欲望

创业其实和生活中任何一个小的习惯养成，本质上都是一样的。成败的区别，无非在于你能否明确公开你的欲望。比如健身的人分两种，一种是每日幻想期待别人看他身材时羡慕的眼神，另一种是从 200 斤减到 150 斤，前者自由的容错率高，后者容错率低。你猜哪个更能拥有完美的身材？换言之，创业也是一样，哪怕只是谈钱。因为在每天重复目标的过程中，自然会产生一种使命感，倒逼你每天不断精进。

我们最常犯的错误是把“感受”当“目标”。有些创业者业务没多大，但总觉得自己明天会强大。但若别人认真问，你还真难解释这个目标怎么被量化。这就是一种典型的自我安慰的幻觉。

将欲望拆分成算术题

要知道，我们人生中大多数劳无所获，不是因为不够努力，而是因为缺乏对关键要素的坚定执行。换言之，一件事情想要成功，中间的变量实在太多了。小到减肥，大到事业，尤其是需要你既当裁判又当运动员的时候，自由反而就成了最大的枷锁。比如我之前见过一个生活在北京的德国人，他坐地铁时会随身携带一个本子，上面有详细整齐的、用直尺标注成表格的地铁时刻表，精确到不同的字体和颜色。我猜这个德国人多半是个商务人士，他习惯于一切事情都事先制订计划，而且用数字使之绝对精确化。话说回来，判断一个人能不能做成一件事，其实方法也很简单，就看他每天投入时间最多的一两件事就可以了，并且观察这一两件事是否与他的目标挂钩。

所以，强大的目标实现，一定不是依赖于强大的心态，而是一个个简单可重复的机械执行。你选择什么，你就会成为什么。正如萨特所说：“自由意味着选择，选择意味着责任。”然而人们往往会为了逃避责任而放弃选择，并美其名曰为“自由”，殊不知，人生的自由无不在枷锁之中。

你的边界，有创意还需要有创造力

明确自己的边界

做服装的企业很多,但是成功的并不多。随着颜值经济时代的到来，有些人独辟蹊径，开始走服装高端定制。对于现在的女性来说，讲的是时尚和与众不同，能有什么东西比独一无二为你定制更能够凸显你的美丽的与众不同呢？那自然是量身定制的服饰。于是在很多大城市的高端社区以及中心商务区，高端定制服装开始走俏，因为高端定制所以拥有了独一无二的特征，让定价不再需要遵守所谓的社会平均定价规律，高端定制服装成了超级赚钱的战斗机。

而另一个值得令人关注的现象是化妆品称霸社交网络。有数据显示：化妆品产业以 12.3% 的年复合增长率“大笔捞金”，中国女性成为所有国家中“为面子出手”最大方的人群，月度面部护理消费达 80 欧元（全球平均月度消费不过 35 欧元）。难怪说“颜值经济”赚的都是女人的钱了。现在各大社交平台上，我们往往能追逐到化妆品的“身影”，如果问什么产品是微商最赚钱的东西的话，毋庸置疑面膜就是社交销售的绝对王者，化妆品小体积，高价格，女生更信赖认识的人的特征，让化妆品成了社交平台最适合互联网销售的商品，于是化妆品开始成为社交平台销售的印钞机。

这两个领域的高利润让很多人红了眼开始模仿，但失败者更多。这里面最大的问题便是，追随创业者没有找到自己的边界所在，并不是所有人都适合并且有能力在某个领域深耕。

清楚边界在哪，边界内的资源和基础能力，才能成为你有利的条件，与其不断追求能力圈外的事，不如静下心来，平衡自己的产能，认真思考自己的方向。如果没有意识到这种“专业”，没有意识到自己的“能力边界”，欠缺定义自己边界的能力，那所谓“大干一场”也只会沦为“大闹一场”。

中国企业联合会曾经有一份关于中国企业失败原因分析的报告。报告中谈及，在失败企业的案例中，绝大多数失败都是由于盲目扩张：巨人、德隆、东盛、红高粱、四通、健力宝、飞龙、太阳神、亚细亚、三九……这些企业有一个共同的轨迹：一路狂奔，短时间内把摊子铺得很大，企业驾驭不了所布的局，最终导致崩盘。这背后反映出来的是企业家过于乐观，不知道目前企业体量的承载程度，归根结底就是不会定义自己的能力边界。

在机会和诱惑面前，只知道扩张，丝毫不去仔细思考自己组织的边界，不懂得克制自己。没有边界的能力，不是真正的能力，毫无边界的追求，反而会拉低你的优势，放大你的劣势，让你寸步难行。

持续地精益求精

一个人或一家公司，应该知道自己的能力边界，只有知道自己的能力边界在哪里，才能确定自己站在什么位置。就像军队战斗，战斗力总是会随着作战距离的拉长而呈几何级衰减，风险更会随着作战距离的拉长而呈几何级放大。所有的成功，不论是边界内的独树一帜，还是拓展边界的稳扎稳打，都需要我们首先修炼好边界内的硬实力，持续地精益求精。日本国宝级厨师“寿司之神”小野二郎，从事寿司行业 70 多年，之所以受到无数人的喜爱和尊敬，并不是他所做的寿司多么不同，而在于他做寿司的过程中，对细节精益求精的要求。他在做寿司时，会去市场上选择最好的鲔鱼和大米，光是做寿司的大米需要的水就有三种，泡米用一种，洗米用一种，煮米饭又用另外一种。他会反复拿捏鱼片的薄厚和捏饭团时的手指力度，甚至为了鱼片的口感，做寿司前还会给鱼来一个 40—55 分钟的深度按摩。他更会斟酌寿司的上菜顺序和温度，力求达到“交响乐般的巅峰体验”。

有人问他：“你这样做有人能尝得出来吗？”他回答说：“没有，但我能分辨出其中的差异。”没有一次成功是轻而易举的，像小野二郎这样，如今的熟练和出神入化的手法，都是背后精雕细琢般的刻意训练。我相信，小野二郎凭借在寿司行业深耕而得的洞察力，换到任何一个相似的行业，都能做得很好。小野二郎曾说过：“我努力达到巅峰，但没人知道巅峰在哪。”与之相反的是现在很多年轻人，浮躁而又心气旺盛，看什么都觉得可以试一下，对自己当下的能力欠缺适当的考量，拿着锤子看什么都是钉子，对锤子的边界定义不清，觉得锤子什么都能干。

但是锤子，也只是锤子，不能充当电钻，也不能替代螺丝钉，更不能自认为是挖掘机。只有首先认可自己的能力边界的窄小，好好修炼边界内的核心能力，才能在日后不断地去开垦自己能力以外的疆土，形成别人冲击不垮的壁垒和防护墙。

让创意挣钱

强大的思维力表现出来就是一种创新创意能力，是在常态中找到新路径、新方法、新措施，并开拓出新局面、新天地，形成新成果，获得新收获的能力。可以说，创意是绝处逢生之力。迪拜就是最精彩的典型。这片沙漠根本不具备旅游条件，但是现在迪拜位列世界十大旅游目的地。迪拜的石油产值只占 GDP 的 6%，非石油收入占比 94%，其中旅游业占比超过 20%。靠什么？就靠迪拜人的思维力产生的创意。迪拜人把酒店宾馆和其他服务设施不仅当成服务设施，而是当成旅游产品来建设。他们把世界上最有创意的设计大师和团队请来，打造了 30 多座具有领先世界，突破我们对常规建筑的理解力，震撼全世界的伟大建筑。可以说有 90% 的游客是冲着哈利法塔、帆船酒店、棕榈岛、亚特兰蒂斯酒店等建筑而去的。建筑不再是钢筋水泥，它们的造型之美和服务之好构成核心吸引物。正是由于旅游业的发达，紧接着物流、购物和金融业便相继发展起来了，它们和旅游一起成为四大产业，支撑起迪拜的经济奇迹。对文化产业和旅游产业来说，创意就是第一生产力。迪斯尼乐园的创意通吃世界；天门山飞机穿洞的创意，给名不见经传的张家界带来持续 20 年的影响；袁家村农民自发的创意，打造了世界上绝无仅有的“吃货”村。没有创意，就没有货币；独特创意，就有独特收获；大创意，一定大收获；无创意，肯定无收获。

你的同伴，先做朋友再做盟友

没有信任，哪来交易

近几年“她经济”的消费热潮将“火”烧到了代表高消费的房地产行业。如今，女性买房成了一种普遍现象，甚至是一种潮流，越来越多的女性将婚前买房纳入自己的计划当中。

“个性化 + 人性化”是捕获女性消费群体的关键。

如何赚女性的钱是一门大学问。一方面，中国女性的消费能力在增强，能否成功捕获女性消费者的芳心成为影响某些商业领域的关键因素；另一方面，女性又是价格敏感、挑剔与个性化的，企业更要在迎合女性多样化需求上下功夫。

同女性独立自主、个性表达意识同时增长的，还有女性对品质的追求。越来越多的女性购买倾向从“凑合”变成了“讲究”。

我们除了看到“她经济”带来的机遇，更要明白女性消费背后是一个个独立的人格，理解她们平凡而伟大的“抱负”。长沙的奶茶品牌“茶颜悦色”文案因涉嫌侮辱女性而翻车，三度道歉。而某年母亲节，宝洁公司的广告以肯定母亲和女性价值为主题，赢得女性消费群体青睐，收割一波流量。在女性消费群体个性变化的今天，如何研究透彻女性心理，迎合女性消费需求，成为某些品牌销量的关键。

说到底就是要先建立人与人之间的信任关系。先交朋友，再做生意，其实也是拉近彼此之间的关系。

其实，做生意投资人情，谈的就是一个“缘”字，彼此能够一拍即合，要保持长期的相互信任，互相关照的关系也不那么容易，要办好事，我们就要牢记人情准则：先做朋友，后做生意。

你需要什么样的合伙人

在创业公司发展壮大的过程中，寻找靠谱的商业合作伙伴是创业者们的现实需求，他们希望在合作关系中获得一系列好处，例如技术的互补、渠道的共享、更充裕的资金等。好的合作伙伴可以让我们的事业更上一层楼，而不好的合作伙伴会将我们的事业拉至最低谷，甚至带来毁灭性的灾难。

那么如何选择创业伙伴？一个好的创业伙伴需要具备哪些条件？

1. 责任平等

作为商业合作伙伴，在责任分配和承担上应该是平等的。两家公司可能互有长短，例如一家在技术上更强大，一家有更好的客户和渠道资源，这样在合作时能形成互补，可能达到“1+1 ＞ 2”的效果。

对创业公司来说，应该尽量选择与自己同处一个产业链或生态，相互之间的需求程度和责任大小较为对等的公司作为合作伙伴。面对巨头，不应对它的依赖过深，作为标杆客户会更好，另外在合适的情况下，拿到巨头的战略投资，进入巨头建立的生态，也是获取资源的较好方式。

2. 性格互补

对于创业合作伙伴，性格互补同样重要，有些人急躁激进、急功近利，但是做事雷厉风行，行事果断，很能把握商机；而有的人比较高瞻远瞩，稳中求进，但有时也会优柔寡断，二者合作就是一种性格互补，可以降低决策的失误率，也能把握住商机。若是两个脾气都很暴躁倔强的人共事，谁都不服谁，受损的还是公司利益。

3. 价值观相容

两家公司的价值观不可能完全相同，但是可以在一定程度上相容。商业合作伙伴是一个长期的关系，相似的价值观、共同的目标和愿景是合作的重要基础。共同的目标可以使二人相互鼓励相互纠错，是长期合作的基础，当然理念相似也至关重要。我们经常提到的一句话是“学历是企业的敲门砖”，这句话是对的，因为较高的学历门槛可以帮助企业进行有效的人员筛选；同时这句话也是错的，因为不能保证高学历的人就是一个靠谱的人，一个能与企业完全契合的人。

这个世界上不乏中途辍学却在事业上大放异彩的天才，既成就了自己，也推进了公司的发展。名校出身、高学历这类标签确实十分亮眼，但如果三观与企业不匹配，那么有再强的能力也难以真正发挥出来。

因此，如果一个人有一定的专业背景和使命感，与你在工作中志趣相投、彼此信任、有共同的理想，私下里你们是谈得来的朋友，那么这个人就已经初步入围了“合伙人”行列。

4. 利益平等

商业伙伴之间最根本的需求，就是双方都能从对方那里获得自己缺乏的东西，并且都能够获得好处，也就是利益。利益平等，指的是双方中有一方的付出和收益成比例。更好的合作关系，除了在金钱利益上分配公平以外，最好双方处于同一产业链条的两个节点，在业务上有深层次的相互需求。

5. 良好的沟通

良好的沟通可以让双方更好地配合，达成一个更好的合作成果，有问题的沟通则会降低效率，甚至让双方的合作破裂。有问题的沟通，例如沟通不及时，在需要赶进度的时候没有更新重要的数据，造成效率受影响；或是沟通时对方给出的东西不准确，己方执行时出现方向上的错误；最严重的是不诚信，沟通时隐瞒关键的信息，这可能直接导致项目失败。

解决沟通问题的最好方法是在合作一开始就制定及磨合出一套有效的沟通机制；若在合作过程中发现沟通问题，则应该重新修正这套机制；出现了最严重的诚信问题，就可以考虑终止合作关系了。

6. 诚信合作

这里的诚信不单指的是沟通中的诚信，还包括实质的诚信。无论是人与人的合作，还是公司与公司的合作，诚信都是基础。不诚信的出发点是自私，是希望通过这种手段获取不该获取的更多利益，而不管对方的死活。

一个公司的长期发展不能是“一言堂”，而应是集思广益，创业点子和创业路子几人商讨着来，总比一个人单打独斗好。尤其是创业初期，能有人在旁边一起分担压力，为公司发展出谋划策，无论是对公司建设和公司发展都有好处。

如何与合伙人进行初次交流

1. 了解合伙人的个人情况

你现在正在学习的是什么？你在工作之余，时间都用在了哪些地方？对于创业公司而言，最重要的事情之一就是拥有一支爱学习的团队，而其中的每个人也要有自己的爱好，保持工作和生活间的平衡。所以，正如前文所说，我们寻找的是热爱学习、对工作和生活充满希望的合伙人，那些自以为无所不知，或是只会埋头苦干的合伙人是必须剔除的。

2. 了解合伙人的专业能力

如果你没有和我们一起开发产品，你会做什么产品？当你非常忙碌的时候，你如何继续完成任务？这类问题可以帮助我们了解合伙人的激情在哪里，以及他们是否对我们正在做的事情有激情。而且创业公司的人员通常非常精简，这就需要员工有能力身兼多职，将多种工作进行合理安排。

3. 合伙人是否与公司匹配

有哪些因素会让你不愿在这里工作？

在你上一份工作的工作环境中，你喜欢哪些地方，不喜欢哪些地方？

了解合伙人喜欢什么、不喜欢什么，不仅可以明确合伙人是否与公司相匹配，还可以及时采取相应措施来防止他产生不满情绪、产生跳槽的想法。

4. 合伙人是否了解公司所在行业

我们公司目前最大的5个竞争对手分别是谁？再问我们所处的行业中，你认为接下来几年会有怎样的变化？一个做足了功课的合伙人对于这类问题可以轻松地作出解答，毕竟一个靠谱的合伙人不仅要充分了解所在的公司，还应该充分了解所在的行业，并具有一定的远见性，才能够带领公司前进。

视角，

能解决女性八成的人生困惑

第四章 经济

真正拖垮你的，是沉没成本

你越坚持，就越被坑

假设你跟朋友 / 对象去吃自助餐。这家店里的食材都很新鲜，味道很好，你们吃得很饱。当你们起身准备走的时候，每桌限量一份的黑松露鹅肝送到了你的面前。你会怎么做？我们大多数人，会心甘情愿做一个“吃饱了撑的”的人，即使吃饱了，也要塞下那一份鹅肝。即使会撑得难受，甚至因此影响到接下来的逛街、看电影等休闲项目，还是会坚持“环保不浪费”的原则，让不堪重负的胃再加上一层负担。因为它们很贵、限量，我们付了自助餐的钱，不想亏本啊。（扶我起来，我还能吃！）类似的场景，每天都在我们身边上演。我们可以用一个经济学词汇来解释——沉没成本。沉没成本，指的是那些发生在过去，我们无法去收回或改变的付出。

听起来好像没感觉？但其实人们总是一而再再而三地栽在沉没成本上面；为了过去的付出和错误，跟现在的自己较劲，赌气般地作出不理性的决策。相处了 4 年的男朋友，即使不喜欢了，也想着先凑合着过过；等了半个小时公交车，你甚至感觉快要中暑了，还想再坚持一下，省个打车钱；进了一个景点，明知道被坑了，但是“来都来了”，那还是转一圈吧……

为什么我们明知吃了亏，还是无法停下脚步？任由已经付出的东西，对自己施加新的伤害？这些付出，包括且不限于金钱、时间、精力、感情等。

为什么不愿意“放弃”

社会心理学家、社会消费心理杰出科学成就奖获得者罗伯特·西奥迪尼在他的著作《影响力》中提到过一个现象：赛马场的人一旦下注了某一匹马，在他们心中，下注的这匹马获胜的概率便会大大增加。这是因为人们在作完一个决策后，潜意识里总是试图通过各种方法来证明自己的决策是正确的。

有个朋友，对炒股一直感兴趣，大学的时候因为没钱，他就用软件模拟炒股，毕业多年，他也赚了一些钱，前些天报了个炒股班，学完之后开始实战，他这一买不要紧，身边朋友基本都知道他在炒股，因为他逢人就推荐他买的那几只股票，并且这几只股票的利好消息他总是第一时间知道，因为他想让我们知道他的选择是正确的。

在公交站台等了半个小时车，车却迟迟没来，这时候该怎么办，是该打车离开吗？如果打车离开，不仅仅要付打车费，更重要的是，前面的时间也白等了，这让很多人不甘心，所以还会继续等待，其实，等车的半小时，就是我们的沉没成本，它确实发生，并无法挽回了，我们并不应该将它作为我们下一步决策的影响因素。

你花了 50 元买了一张电影票，电影开场半小时，你发现并没有你想象中的好看，实在糟透了，你要留下来继续看完，还是直接离开影院呢？其实无论你如何决定，那 50 元和前半小时的观影时间都是沉没成本，钱收不回来，时间也过去了。比如已名存实亡的恋情或婚姻，总有人仍然不愿分手，宁可彼此继续消耗时光、不断让痛苦发酵。即便局面已经一地鸡毛，可曾经的付出又使人不甘心放手。他们所表现出来的这些现象，本质上就是对于沉没成本的过度迷恋，因为一旦你作了某个决定并开始有所付出，你就会义无反顾地去选择坚持。一方面你不想让自己的付出白白浪费，另一方面你也在试图证明自己的选择是正确而明智的。所以我们经常会陷入盲目的坚持，而这种盲目的坚持很可能造成更大的损失。

比如，你买了某只股票，此时股票已经开始走低，但你可能还要坚持，你想的是既然已经坚持这么久了，再坚持一下或许还会涨回来，结果造成了更大的损失。赌博也是一样的道理，当遇到亏损需要撤退时，他们的想法是已经付出这么多金钱和精力，不如选择冒险一搏，而大的损失往往是在这种搏一搏的时候产生的。

有时候，你越是坚持，损失越大。

接受错误，才能避免更大的损失

世上无难事，只要肯放弃。不能将视线从过去的事情上移开，将会让我们错过接下来无数次止损的机会。电信诈骗大家都知道吧。现在我们清楚了他们的套路，可在以前信息流通不发达的时代，被他们骗上钩的人可真不少。骗子们先利用人们不劳而获的心理，许诺大家未来能拿到大钱，让大家交个一百两百的小钱；然后利用这部分沉没成本，一点一点收线，哄骗对方交更多的钱，达成诈骗的目的。如果人们一开始意识到不对就抽身退出，而不是盯着已经打了水漂的钱，就不会有后面更大的悲剧了。当然了，不止骗子会用，手握更多资源的商家，更是用“沉没成本”设计套路的好手。

凡是有人性弱点的地方，也会带来商机。最常见的就是交定金了。买车、买保险等很多时候，我们总会对产品或服务的某个部分有疑虑，不够满意，只差最后刷卡这一步，迟迟无法下决定。而商家让我们先交一部分小额的钱，用这部分沉没成本将我们锁定，最终完成大额的交易。网购、外卖的满减也是一样。朋友每次逛淘宝，明明只需要买一瓶 30 多元的洗衣液，最后却非要凑天猫超市 199 元减 30 元的满减。觉得不凑齐那 30 元的满减，就是亏了，最后买了一大堆不需要的东西，待在角落吃灰。

及时放弃，是一种智慧，能帮助我们避免更大的损失，明晰我们真正想要的东西。就像山下英子在《断舍离》一书中所说：“不管东西有多贵，有多稀有，能够按照自己是否需要来判断的人，才够强大。”忘掉沉没成本，及时断舍离，是我们对抗资本家和消费主义最好的利器。

考虑机会成本

如果说沉没成本决定了人们如何看待过去，那么机会成本则决定了人们如何面对未来。什么是机会成本呢？这个经济学概念是指：

我现在选了选项 A，如果我转而选择其他 B、C、D、E……中的某一个，它们所能带给我最高价值。简单点儿说，比如周末你有两个小时时间，可以用来打游戏，也可以用来看电影；打游戏带来的快乐和看电影带来的放松，就互为机会成本。相比于沉没成本，机会成本才是决定我们未来幸福的那一个。但却也是在沉没成本面前，被我们忽略的那一个。

柯达就是个活生生的例子。20 世纪，柯达是胶片时代的霸主，但很多人却不知道，它才是第一个发明数码相机的公司。面对数码相机潜力无限的机会成本，柯达却死守过去胶片时代技术和市场占有率的优势，放不下投入的人力物力的沉没成本。最后在数码时代的浪潮下，巨轮倾覆。

所以我们每一个人作选择时，都要问自己两个问题：我现在做的事情，对未来能否产生持续积极的影响？我现在的决策，有没有被过去的付出所左右？

想好这两个问题，将会影响我们当下和未来的幸福水平。没有谁，喜欢被当作一个轻易放弃的人。同样地，背负着沉重的过去，也让我们难以承受。因为为一个错误的选择而苦苦坚持，也是一种失败。这时候恰到好处的放弃，才让我们有机会更快接近拨云见日的那天。

看似不起眼的小钱，值不值得赚

你尊重钱，钱才会尊重你

某知名电商创始人曾说：“谁抓住了女性，就抓住了消费。女性才是真正的消费主力军。”女性不仅是新消费浪潮的推动者，也是“她经济”的创造者。中国女性的消费自信，不仅来自可支配收入和经济独立性的提升，也是审美自信的一种外化体现。女性消费群体的增长，不断强化美妆、居家、家清等消费领域影响力。同时，性别消费边界正在被模糊，“消费去性别化”已成为新零售领域不可忽视的趋势，女性在其中掌握了越来越强的话语权，并推动着新零售行业的变革。

自拍杆的设计者刚开始跟人说自己构思时，很多投资者不屑一顾，觉得利润太小看不上，事实上自拍杆出来后受到消费者的热烈追捧。美颜 App 软件开发的出现，也使得许多女孩子节省了更多的 P 图时间，广受好评。这些基于颜值经济诞生的产业有个共同特征：利润小，需求大。很多人因为前者而忽视了它的市场。

“不积跬步，无以至千里；不积小流，何以成江海”。现实中却有 80% 的人看不起小钱，认为赚小钱发不了财，却忽视了财富是由无数个小钱汇聚在一起的，如果你今天放弃一个赚小钱的机会，明天再放弃一次，以后你会失去无数次的赚钱机会。在富人的眼里，1 分钱有 1 分钱的价值，1 分钱也是钱，它同样是财富的代表。

在富人的眼里，100 元和 1 分钱是一样的，都是财富，只不过 100 元是由 10000 个 1 分钱组成的。所以，忽视 1 分钱也是忽视财富。穷人看不起 1 分钱的作用，于是穷人的财富慢慢地流逝了。如果有 1 分钱掉在地上，懂得经商之道的人会把它捡起来，因为他把 1 分钱看得非常重，他们从中看到了希望与未来。

在深圳，有那么一个农妇，她靠着赚取 1 角钱的差价，在深圳的摄影器材市场中获得自己的一席之地，当时市场上的柯达胶卷每卷售价 22 元，她的进货价是 15 元，而她只卖 15.1 元。有人嘲笑她，有人看不起这点利润，而这个半文盲的妇女却将它做成了一个事业，其最为关键的就是她用最简单的“只赚 1 角钱”的真诚打败了复杂的东西，也打开了自己通向财富的大门。

比尔·盖茨曾说过，金钱需要一分一厘积攒，而人生经验也需要一点一滴积累。在你成为富翁的那一天，你已成了一位人生经验十分丰富的人。有许多成功的商人中，许多人都是从小钱开始积累自己的财富，比如李嘉诚、山姆·沃尔顿。许多大学生在创业中高不成低不就，最大的原因并不是他们缺乏赚“大钱”的本事，而是缺少赚“小钱”的智慧与远见。

你想卖多少钱

我的工作是商业咨询，因此有机会接触到很多创业者。有些创业者在给我介绍他们产品的时候，会问问我的建议。我看了后说，产品都很好，但是感觉有点儿贵。他说，我们的产品策略就是中高端，我们的产品是要卖给中产阶级人群的。听他这么一说，我就想说：中产阶级得罪谁了，为什么要把贵的东西卖给我们？但他们一般都会追问，那我的产品应该怎么定价呢？

从商业洞察的角度来说，产品价格是由消费者能感知到的价值决定的。

消费者能感知到什么价值？

1. 功能价值

街头小贩卖西瓜，会打上吸睛的广告牌，如甜得舍不得卖等。广告牌让我们知道这个西瓜特别甜，这是我们能感知到的功能价值。再比如我去爬山，特别累，爬完山后饿得不得了。下来后赶紧找了家餐馆，点了 3 个大馒头，狼吞虎咽吃完后才觉得饱了。馒头能吃饱，这是我感知到馒头带来的功能价值。同理，几乎所有的食物，理论上都可以满足吃饱的需求。如果仅仅是满足吃饱需求，那么所有食物的价格就应该是一样的。

这时你认为哪种食物更受用户欢迎？当然是价格更低的食物。如果消费者只是为了吃饱，那么无论是吃馒头还是海鲜，其实功能都一样。所以价格是一个非常重要的竞争。但是价格这个词还不准确，我们用一个更准确的词来描述：性价比。

什么是性价比？性价比是指产品在品质不变的情况下，价格更便宜。或者是产品在价格不变的情况下，品质更好。人类有两种最基本的购物需求：物美价廉和价廉物美。这两者有什么区别？我举个例子：上海有个地方叫七浦路，翻译成英文是 Cheap Road。意思就是便宜。另外在徐家汇有个高端的购物中心叫港汇广场。大家一般会在什么情况下去七浦路？通常是在空闲时的周末去逛一逛，因为七浦路的好多东西都便宜，所以大家都去“价廉”里面去找“物美”。

那一般会在什么情况下去港汇广场？比如你的朋友下个星期要结婚了，邀请你去非常高大上的酒店参加一场隆重的婚礼，每个人都要求穿礼服。但你没有礼服，这时候你会去港汇广场，因为这里的物品都很好，但通常都比较贵。然后你就到处逛，试图从中找到一件比较便宜的，这就叫从“物美”里面找“价廉”。这两种需求永远都不会消失。而不管是价廉还是物美，背后都存在着性价比。所以，如果你做的是功能型产品，性价比或许可以成为你的竞争优势。

那要怎样做出性价比高的产品？最基本的方法是通过规模效应降低成本，规模越大价格越便宜。

但成本降低后会带来更多的规模，比到后面就是价格战，没多少利润空间。或者用技术优势降低成本，比效率。就是本来 1 个小时只能生产 10 件产品，用了技术可以 1 个小时生产 50 件产品。但比效率的难度越来越大，只有少数公司能做成。

那大多数公司怎么办？大多数公司都不应该在同个产品上比价格，而是要给消费者提供更稀缺的价值感——体验。

2. 体验价值

还是卖西瓜，小贩卖单个西瓜销量不好，于是他推出了新卖法：卖半个西瓜，送一个勺子。在其他人都在卖单个时，他的卖法就格外不同。这种新卖法为用户提供了便利，想什么时候吃西瓜都行。你看，这种差异化就给用户带来了体验价值。但大家都知道，中国经济有个很大的问题，只要有人做出来的产品赚了钱，全中国的同行或外行就会一拥而上纷纷模仿，导致到处都是山寨品。做便宜产品的人很多，能提供体验价值的人很少。因此“山寨中国”和“中国制造”的名声一样响亮。

美国人经常控告中国人，说中国的知识产权保护不力。德国人也认为中国人的产品山寨，品质很糟糕。但其实，每个国家都会经历一个阶段——跟随别人。在今天，任何商品只要贴上“德国制造”（Made in Germany），价格就会立马上涨。因为德国商品给人的印象是质量可靠。

但是你知道Made in Germany这个名称是怎么来的吗？在18世纪，英国谢菲尔德公司生产的剪刀和刀具非常有名，质量很好，受到市场欢迎。德国索林根城制造商就山寨了这个产品，做得非常像，品质也很接近，但是价格卖得非常便宜。正因为这种模仿，和对别人品牌的侵犯，导致英国、法国等制造商对德国非常痛恨，当时德国制造声名狼藉。为了解决产品被仿冒，维护英国制造商的权利，愤怒的英国拿起了法律武器，打击德国的侵犯。

1887年，英国人在国会上通过了一项侮辱性的法案《商品法》。

商品法中有一个重要的条款，所有来自德国的产品必须贴上“Made in Germany”的标签，以此将价廉质劣的德国货与优质的英国产品区分开来。从此开始，德国人意识到，所有的努力和创新都要凝聚在这个标签上，这是别人选择我们的标准。所以德国产品后来越做越好，最终脱离了低级货的名声。许多国家都曾是山寨大国,美国和日本也不例外。但是，比起一味地模仿，更重要的是要懂得建立差异化，给消费者提供更稀缺的体验价值。而打造体验价值的核心方法论，是从产品视角切换为用户视角。

但用户仅仅满足于此了吗？不，还有比体验价值更稀缺的价值感——个性化。

3. 个性化价值

到了七夕情人节，西瓜小贩又推出了新卖法，“心形”西瓜。其实只要在半个西瓜上切一刀，再拼一下，就成了“心形”西瓜。但消费者在这天看到这个瓜，就会联想到买来送女朋友，表心意。个性化是在产品里面最高级的卖法，就是每个人都可以拥有私人定制。典型的如红领西服公司，主要在互联网上做个性化衣物定制。他们的定制流程是这样的，你量完身材把尺寸数据发给他们，然后他们找专业设计师帮你做十几件衣服，邮寄给你。接着他告诉你十几种搭配方法，你按照搭配试穿即可。如果有喜欢的就可以留下，不喜欢也没关系，你再给我邮回来。他用这种邮购的方式，可以在互联网上满足每个人的个性化价值，这样你就不用再跑到商场做私人定制了。

个性化需求，是这个时代最高级最昂贵的需求。个性化产品，是能让用户感知到最稀缺的产品。我们说产品定价，最重要的因素是用户。产品价格是由消费者能感知到的价值决定的。消费者可以感知到的价值包括功能、体验、个性化。比如卖西瓜。你希望这个西瓜更甜，于是小贩打个广告牌：甜得舍不得卖，这叫满足功能价值。你想要随时都能吃到西瓜，小贩把西瓜切半，再配个勺，这叫满足体验价值。你想在七夕情人节买瓜送女朋友，小贩把瓜拼成了“心形”，这叫满足个性价值。比功能更稀缺的是体验，比体验更稀缺的，是个性化。所以，产品的定价，取决于你能提供给消费者什么价值。价值越稀缺，价格就越高。

不谋求赚大钱，才能持久赚钱

公司想长久发展，必须坚持赚小钱。坚持赚大钱的公司都消失了。为什么华为、老干妈、十三香、可口可乐、吉利刀片一直存在？他们坚持赚小钱，没人复制他们。为什么很多房地产公司和金融公司完蛋了？因为他们坚持赚大钱。人花小钱，没啥感觉；人花大钱，痛彻心扉。赚钱是从 1000 只羊身上，各拔毛 1 根。而不是抓住 1 只羊，拔毛 1000 根。客户感觉不到痛，才会习惯性消费。小钱没人赚，做的人有限，蛋糕看起来反而无限大。做生意，更多的时候，是在夹缝中求生存。穷人大多都有这样的赚大钱的愿望，总是梦想自己有朝一日能发大财，成为一个有钱人。但大多数穷人终其一生，却难以梦想成真，这是什么原因呢？其中一个原因是这些穷人赚大钱的心太急切了，导致了致富思维的错误。

事实上，很多大企业家大富翁都是从小职员做起，从赚小钱起家的，比如李嘉诚，最早也就是个茶楼跑堂。据统计，国外90%以上的大富豪都是白手起家或靠小本起步的，只有10%不到的人是靠继承遗产发家的。在中国，很多老一辈企业家原本都是穷人，几乎都是靠赚小钱起步的。以温州人为例，很多温商，都是从小打小闹的、不起眼的小生意做起的，日积月累，聚沙成塔，这是典型的温商创业模式。如何看待“小钱”，既是一个人生态度的问题，又是一个商业眼光的问题。温州人经商务实又精明过人，所以他们不耻赚“小钱”。

温州人给自己总结出的几条成功经验之一就是：大钱小钱都要赚，能赚几分几厘的机会也决不松手。他们的商业价值观非常独特，响亮地喊出了“赚一厘钱也光荣”的口号。比如纽扣生意，一粒纽扣的利润真的是按分来计算，但温州人也能做得兢兢业业、高高兴兴。

“不积跬步，无以至千里”，温州人就靠这一分一厘的集腋成裘，完成了他们的原始积累，为其后来的第二次、第三次创业奠定了雄厚的资金基础。相反，那些想发财而又没发财的穷人，多半就是没有“小钱”意识，小钱瞧不起，大钱又赚不来，不明白小溪能汇集成大海的道理。

收入翻倍的顶级思维，你知道吗

辛苦并不能挣钱

《乘风破浪的姐姐》《三十而已》等节目的热播，让更多的人重视中国女性的审美自信和主张表达。2021 年，在这个“她经济”的语境下，越来越多承载着梦想、追求的“她们”踏上了充满竞争的战场，带动着消费市场的狂欢。然而，狂欢下我们也应时刻保持理性：女性的消费力被认知、被重视、被分析，但不能就此被裹挟。只有更深入地细分市场，针对不同的目标消费者，提供更加个性化、人性化的商品和服务，才有利于市场向规范化和理性化发展。

如果不能准确把握“她经济”时代的变化，还是用以往的思维挣辛苦钱，你可能会越努力越穷。看准时代变化、顺应市场，并非看哪家店火爆就跟风去做、简单模仿，而是需要我们转化思维，及时调整市场战略，准确提高客流转化率。现实真相是你没有输给贫穷的生活，而是输给了这两点。

1. 你必须学会借助外力

穷人和富人最大的区别是：穷人靠体力，富人靠借力。穷人喜欢出力挣钱，然后存起来；而富人特别善于“贷款”。富人那么有钱为什么还要去贷款呢？贷款的本质，就是盘活并扩充资本。钱的本质是一种资本，资本只有流动起来才能产生更大资本。在这里，我们必须先搞清楚一个事实：政府为什么要印钞？当经济好时，为了应对新增的社会财富，便于其交易，政府会印钱；当经济不好时，为了增加就业机会，政府为了刺激经济也是印钱。所以不管经济好坏，印钞都是一个客观存在的行为。

我们手中的货币购买力，被超发的货币不断稀释，同样我们的债务也在随着货币购买力降低而不断稀释。举个例子，你今年贷款100万元做生意，随着货币超发，购买力下降，可能5年后当初贷款的100万元，只值70万元的购买力了，相当于你挣的钱也多了，还贷压力减轻了。所以，在货币长期贬值趋势下，负债是有利的，而持有货币却是受损的。

如果不是富二代，想获得本金去创业或者投资怎么办？从银行贷款！银行的钱主要来自哪儿？是储户！银行从百姓手里吸收存款，再对外放贷，期间的存贷息差即为银行的重要利润来源。能从银行贷款的是什么人呢？一般是有资产的，有抵质物的人。而在银行存钱的人呢？大多是一般平民百姓，渴望靠存钱来积累财富，遗憾的是他们躺在银行的钱在日益缩水。

所以靠领工资生活的老百姓，辛辛苦苦挣的钱只能躺在银行里默默地贬值，财富日益稀释。而富人总是想办法向银行借钱投资实现财富增值，与此同时，他们的负债也在日益稀释。所以你不必奇怪，这就是为什么很多资产上亿的人，负债也是惊人的。

面对货币贬值，物价上涨，如何捍卫我们的财富？对于老百姓而言，不要把所有鸡蛋放在一个篮子里，同样也不应该向银行贷款超越自身还款能力的债务。适当负债，享受债务稀释带来的红利。最遭老百姓痛恨的楼市便是一个典型例子，10 年前在大城市买套房，若月供在 2000 多元，且背负了数 10 万元的贷款，那绝对是一个沉重的负担。可是 10 年后，当年买的房子价格早已翻了好几倍，而且租金早已能覆盖房贷了。也许不是房子真值钱了，而是货币超发了，那套房子享受了货币超发的红利。所以当年贷款买房的人笑了，别怕背负上百万的负债，只要还款时间足够长，月还款额在承受范围内，都不是事儿。当然，并不是鼓励老百姓毫无理性地向银行贷款，前提是选对能上涨的资产且其涨幅要大于债务利息。这样适当的负债才有价值。

2. 读书能改变命运

有人认为，读书有什么意义，隔壁村的女孩早早辍学打工，赚了几年的钱，都在老家盖房子了，而自己大学毕业之后月薪才 2000 元，连当初交的学费都赚不回来。这绝对是低估了教育的意义。10 年之后再看，当她耗尽青春，而你却已成长为有技能的劳动者，命运将会大不相同。

美国的一位女作家芭芭拉为了寻找底层贫穷的真相，以服务生的身份潜入美国底层社会，开展了一系列惊心动魄的卧底行动。她只带了 1000 美元就开始了这场冒险。结果，在不同的城市，换了 6 份工作，有零售，有清洁，有老人服务，但是结局都一样：因为没钱，不得不租住偏远地方的房子；因为住在偏远地方，不得不花费大量时间在路上；因为很多时间浪费在交通通勤上，她用于提升自己和发现更好工作机会的时间越来越少；因为生活成本很大，她不得不说服自己承担更多的兼职；因为花了太多时间做各种劳苦的工作，她渐渐成为一个工作机器，直到情绪爆发离开。然后换一个地方，进入下一个循环。是的，换了 6 份工作，不管多么努力，也不能换来一个未来。

对于某些人来说，那些高薪、有专业技能的工作，他们难以胜任，而低薪的工作又让他们陷入了绝望的深渊。他们在贫穷的漩涡里穷得理直气壮。同样，香港富豪田北辰体验了一把时薪只有 25 港币的环卫工的生活。环卫工人的工作又累又苦，住香港最便宜的鸽子笼。这类鸽子笼月租为 600—1500 港币，仅能放下一张床，没有热水、洗手间里连转个身都困难。当田北辰筋疲力尽地扫完大街回来时，辛苦一天挣来的钱只够买最便宜的便当，而且还需要时常加班。

这位毕业于哈佛大学、身家上亿的富豪不禁感叹万分：这个世界正在惩罚不读书的人！他说如果一个月、半年，甚至一辈子都是干这种活，那真太绝望了。不可否认，这个世界有靠关系、投机取巧成功的人，但对于毫无背景的普通人，读书或许是改变命运的重要出路。连香港首富李嘉诚也说过“知识改变命运”。比如中国的数学大师陈景润，他原本家境贫寒，在一家杂货店当学徒。但他利用晚上自学数学，后来在清华旁听，因破解著名的“哥德巴赫猜想”而改变了命运。再比如，新东方创始人俞敏洪连续 3 年高考，才考入北大，才有了后来创业的传奇。

正如作家龙应台说的：孩子，我要求你读书用功，不是因为我要你跟别人比成绩，而是因为，我希望你将来会拥有选择的权利。选择有意义、有时间的工作，而不是被迫谋生。当你的工作在你心中有意义，你就有成就感。当你的工作给你时间，不剥夺你的生活，你就有尊严。成就感和尊严，带给你快乐！

对于穷人来说，既然一无所有了，为什么不努力一把，通过读书，对抗这个残酷的世界。即使世界在变，背景、机遇、运气这些因素也许能左右一个人的命运，但是世界永远不会亏待有才华、有能力的人。

什么是赚钱的思维

1. 与赚钱相比，面子是小事

在这个物欲横流的时代，有的时候，金钱甚至代表了个人的社会地位。如果能赚到钱，面子是小事。尤其是在自己有求于别人的时候，如果过于在乎自己的面子，就很可能会导致失败。所谓“三十年河东，三十年河西”，等到功成名就，别人也不会细问你的出身，就算知道了，也只会夸你能受得住磨难。

2. 学会逆向选择

物极必反，这是事物运动规律之一，市场的变化也往往如此。因此，在经营决策中如果能常用逆向选择会得到意想不到的收获。因为这种思维方式表面上是违背市场，实际是对市场规律的最好适应。如果回忆一下曾有过的“养鸡热”“养猪热”“苹果热”之后的得者与失者，也许道理不说自明。当然，顺向选择也可以，如果你能把握未来市场走势的话。

3. 省钱的致富作用是有限的

在理财过程中，省钱是一种非常重要的理财手段，对于积累财富也是有一定作用的。但常言道，省不出百万富翁。仅靠省钱是难以致富的，毕竟省钱的作用有限，与其花心思去琢磨如何省钱，不如好好研究如何拓展自己的赚钱渠道。赚钱致富的速度远比省钱更快。

4. 要做出自己的特色

海底捞大家都知道，一个以服务出名的餐饮企业。如今，火锅店到处都是，口味也都相差无几。唯一能区分的就是服务与品牌。别人有的你都有，而你还能拿出别人没有的，那你就赢了。

特色确实很重要，但是不同的市场会有不一样的需求。最简单的商机就是从当地消费者的习惯出发，寻找他们喜欢的东西，努力为他们提供产品和服务。

5. 朋友圈决定你理财的高度

一位拿着年薪百万的人，跟你说和他合作是可以赚钱的，你犹豫了半天没有做。原因是，你去咨询了一位拿着 3000 元月薪的朋友，他告诉你不靠谱，于是你听了后者的话。这，就是你的格局！不去思考问题的人，也不会思考自己的人生，理财也是一样，不去学习的人终究是会失败的。

6. 赚钱的思维决定着你与富人的距离

想了解某个行业，要么你亲自去尝试，要么你去问这个行业的成功人士，切记别问失败的人和不相干的人，因为他除了失败的经验和负能量，什么也给不了你！牌友只会催你出牌，酒友只会催你喝酒，而成功的人会教你如何成功！是否具有灵活的赚钱思维，是赚大钱与赚小钱的最主要区别。思维决定着一个人的格局，决定着一个人的发展方向。

省钱上瘾，有可能越省越穷

把钱放在看得到的地方

如今“90后”已经登上大舞台，成为社会的中流砥柱，这一代女性敢花钱，敢为自己花钱。城市快速发展，平均结婚年龄推迟到30岁以后，她们有大把时间享受青春，“对自己好一点”成为年轻一代女性消费习惯，中国女性经济上更加独立，撑起不止半边天。

跟父母辈不一样的是，现在的女性在消费时不再以“省钱”为主要诉求了。学会把钱花在看得到的地方的人，都有挣钱的能力。

张爱玲在《童言无忌》里曾提到一件事，她说自己生平第一次赚到的稿费立刻拿去买了一只小号的丹祺唇膏，母亲责怪她为什么不把稿费留下来作为纪念，而张爱玲的回答是“对于我，钱就是钱，可以买到各种我所要的东西”。将稿费换作想要的口红，其实也是另一种纪念的方式。涂上一支口红可以让你变得更自信，穿上一双特别的鞋，可以让这条路走起来多一些乐趣，戴上一条新的项链，能感受到焕然一新的自己。

《欲望都市》里的人气专栏作家凯莉说：“我喜欢把钱放在看得到的地方，比如挂在衣柜里！”打开衣柜，目光扫视每一件衣服，用手轻抚衣服的面料，再去感受每一条丝巾的细腻质感，一瞬间觉得工作又有了新的动力。因为节省，你可能失去的不仅仅是钱，而是你的生活质量、你的眼界、你的人脉，你失去了这些，那也就意味着离贫穷不远了。

很多人会因为贫穷，失去了生活质量、眼界、人脉，机会，从而与财富失之交臂。就好像两个人同样努力，一贫一富，他们所得到的资源，前者可能会事倍功半，后者则如虎添翼。

不难发现，有钱的人通常会越来越有钱，越富的人赚钱似乎越容易，他们的钱绝对不是省出来的，他们对于所追求的东西，总是在想：我如何才能买下它？而不是：我需要存多久的钱才能买下它。于是这些有钱人开始想赚钱的点子，或者调整事业目标，或者不断学习，不断向财富靠近。仅此一点，他们就足以拉开与别人的差距。而那些穷人或是不富裕的人，往往想的是怎么节约开销，尽力省每一笔钱，慢慢就降低了自己的生活质量，省下的那些钱似乎也并没有什么大用处。节省的人，首先缺乏冒险精神。就像游戏一样，好装备不是捡出来的，是打出来的。而最终能胜利的，往往也是那些喜欢枪下舔包、血拼空投、爱好钢枪的玩家。这里并不是说让大家追求风险收益，而是应该适当地配置风险资产。其次，节省的人，缺乏投资思维。他们的投资组合中只有存款，存款，还是存款，只能赚不能亏，不懂得还有资产配置这个概念。

什么钱不能省

有个妈妈带着孩子去逛超市，让孩子自己去选零食，孩子选了些包装比较独特的糖果，花了几十元，回家的路上，看他吃得津津有味，便要了一些尝尝，味道很一般，应该是那种劣质糖浆加各种色素压铸的，和她小时候吃过的差不多，那时候学校路边摊卖两角钱1包，分量比这个还多，于是问他，这个也不怎么好吃啊，为什么选这个？他想都没想回答道："因为好看啊。"

挺有意思，看来不光是成年人喜欢"看脸"，小孩也一样，某种程度上可以说产品的"颜值"决定了销量，在过去的理解中，只要产品质量好，包装无所谓，酒香还怕巷子深？

但现在时代变了，电商蚕食，直播带货，产品离消费者距离越来越近，物质极度丰裕，很多行业都存在产能过剩，产品同质化严重，只要有钱，什么产品都能买到，仅仅质量好已经不足以满足现在消费者的需求，以糖果为例，"好吃"决定了一个孩子下次是否还会购买，但是"好看"却决定了此时此刻的消费抉择，如果不好看，连最基础的消费欲望都没有，买都不会买，也就完全切断了与消费者连接的可能。

用时下比较流行的说法：颜值决定是否开始交往，三观决定最终能否在一起，对产品来讲"颜值"也就是产品包装，是打开用户的第一道门，而"三观"就是产品的质量、体验、性能、性价比等。

俗话说"人靠衣裳马靠鞍"，一个好的包装，能让你的商品更吸引人的眼球，直接提高了卖出去的概率。回过头看，我们很多中小企业都犯了一个很基础的错误，喜欢本末倒置，钱都花在刀背上，大把的钱砸市场、砸渠道、代理商、消费返点等，却在最该投入的品牌资产方面像铁公鸡，该花的钱不花，该省的钱却肆意浪费，从业这几年以来，见过太多这样的案例，很多中小企业吃亏就吃在品牌上，很多人习惯了固有的模式，只要把东西做好，品牌那是下一步该考虑的事，所以会有企业做到数百万规模却连商标都没有的奇葩事件，也有频繁曝光的各种知产官司。

做生意，为什么有的便宜不能占

不想占便宜的人生，最占“便宜”

有一个做砂石生意的老板，与其他的同行相比，他既没有文化，也没有任何背景，可是他的生意却比同行都要红火。有人忍不住向他询问秘诀，老板笑着说道：“哪有什么秘诀，不过是每次与别人合作时，我总是只拿小头的分利，让别人拿大头罢了。”自己微利，却让别人的钱包满了，砂石老板看似傻气的行为，却吸引来了无数合作伙伴。一份小利微不足道，却显示出了这个老板的远见和格局，为他换来的是更多真诚的伙伴。那些不想占便宜的人，不被眼前的小利所迷惑，站的高度更高，眼界更宽，看得也更远。

胡雪岩说：“世上随便什么事，都有两面，这一面占了便宜，那一面就要吃亏。”为人处世更是如此，占了便宜便要有吃亏的准备，得了好处，便要加倍的回报。“投我以木桃，报之以琼瑶”，这是中国人刻进骨子里的教养。

合伙人之间利益不均

在中国，很多做生意的合伙人，开头总是美好，到最后都会不愉快，朋友都做不成了，这是为什么？

1. 开始起步的海誓山盟

全部创业的合伙人，开始起步的时分都是联络较多非常要好的那种。两个人在没有太多利益纠葛的时候是好朋友，可是一旦有了利益上的纠葛，感情就会变得非常微妙，稍有不妥就会构成感情上的损害。虽然有些合伙起初就是为了减少工资开支等成本。

2. 不怕赚得少，就怕分配不均

分配不均是构成很多合伙人反目的重要原因，一个是金钱上的分配不合理，再一个是劳动上的分配不合理，这些都会使当事人心里不平衡。假设再有一些喜欢吃、喝、拿，又想要锱铢必较的，互相产生猜疑，那这个敌对就会晋级。造成的结果就是总觉得自己付出的很多，回报的很少。

3. 合伙人的亲人朋友一般会成敌对根源

很多合伙人之间本非常和睦，可是谁也架不住身边人的挑唆和烦扰。比如有的朋友来消费订单，合伙人为了显现大度，就给这位朋友免单或是大额的优惠，这个费用如何计算？还有很多创业者的老婆，店面刚有了起色就把自己当成了老板娘，非要参与进来，生怕自己的老公会吃亏，又因为朋友之间的联络，就会让形势变得很尴尬。有很多这种情况，都是因为店里多出了一个老板娘，而让一家店关门的情况。

你真的懂合伙人的规则吗

虽然都是因为联络比较多，关系比较好才选择的合伙，可是有很多条款都是要提前写到合同里的，只需明晰地写到纸上，双方才会明晰责、权、利等。当然假设能找到一个双方都比较信赖的第三方作为公证，这个合伙的办法成功的可能性就会增大。

1. 出钱规则

每个人出多少钱，后期收益如何分配，股份如何分配，这是首先要写明的。

2. 出力规则

合伙开店往后双方如何分工，如何查核结束情况，账目细分和监督，公共开销是否互相体谅节约，完不成任务如何处理。写明这一点是对大家的捆绑，也是对两头的敦促。

3. 执行规则

合伙往后，每项工作由谁去实行？如何实行？需要承担何种责任？

4. 领导规则

所谓领导便是要有掌握第一话语权的人，这个领导具有哪些权力、承担哪些责任、有无长期方案等。

5. 革除和退出规则

领导出了疑问今后如何处理，构成的损失如何补偿。想要退出时如何分资金、股份如何分配等。

这些最基本的假设如果不明白，建议不要合伙了，因为你可能给自己带来的不仅仅是失掉一个朋友亲人，甚至会多一个仇人对手。所以奉劝想要合伙创业的小伙伴们，合伙不是不可以，合伙的规则是必须明晰的。从人性角度看，像管鲍分金那样，一方极有才华，一方极能包容知人的合伙团体，是很难再有的。合伙经商，在规则规划以内的才叫生意，别的都不叫生意!

不盲目追求爆品

现在有人在网上天天喊爆品、爆品、爆品。与这概念齐名的还有尖叫、极致、无敌，非常抢眼。就像当年雀巢咖啡进入中国市场，天天做广告，雀巢咖啡，滴滴香浓，意犹未尽，味道好极了。叫得人心烦，就喝一口吧，结果上瘾了，雀巢咖啡就成了爆品。德鲁克说过，利润只是一个结果，利润甚至不是一个目标。在爆品大师那里，似乎中国人缺少爆品意识，似乎只要把观念一转变过来，爆品就产生了。中国人喜欢说这么一句话，只有想不到，没有做不到。其实这句话说反了，一个人要是没有在一个领域中坚持十几年艰苦卓越的努力，不可能有什么见解的。这是德鲁克说的话。一个人只是想到了而做不到，等于不知道。这是王阳明说的。

中国企业家真的缺爆品意识吗？他们中的许多人，梦寐以求的就是如何生产出一款适销对路的产品；每天盘算和琢磨的是，如何使自己的产品引爆市场，红遍天下。所谓一招鲜，吃遍天。对这些老板而言，他们真正的刚需、高频、痛点，就是生产出一款爆品。求之越切，痛之越深。好产品的三个元素：真，善，美。好的产品涉及三个元素：真，善，美。真就是真理。对企业而言，就是产品的研发能力，以及所掌握的技术与人才。包括你对技术资源和人才资源的理解和了解程度。对企业而言，就是把握市场需求的程度以及为市场贡献意愿的强弱。美就是艺术。对企业而言，就是艺术与文化的底蕴，以及体现在产品上的艺术美感、品位或品格。

"真"的不足

自从联想提出"贸工技"的战略道路，至今已经有30多年时间了，结果如何？众所周知西方人依然控制着微电子技术的研发领域。从巴黎统筹会议开始一直到今天，西方社会努力在做的事情，就是对中国的技术封锁。我认识一个日本人，带我去参观他的小木屋，说这些树都是他爷爷种下的，不是每个日本人都盖得起这座木屋的。他接着说，如果中国人都想盖这么一座小木屋，全世界的树都不够。从那个时候我就知道了，生存竞争依然是这个地球上的至上法则。

这里没有是非但有因果。在这种背景下，在这种技术封锁的背景下，如果你不能像华为一样努力，你在技术上根本没有一席之地，无法跟人分庭抗礼。华为《基本法》上是怎么说的？依靠锲而不舍、点点滴滴的努力，成为世界级公司。其中包括与狼共舞、与人周旋。

相比之下，爆品的思维，失之偏颇，与华为的境界及意识大相径庭。我们真正需要唤醒的是国人卧薪尝胆、自强不息的意识。依靠锲而不舍、点点滴滴的努力，强化我们的工业技术基础。

盛田昭夫说，技术才是这财富的真正源泉。因此技术也就成为一种稀缺资源。谁控制了核心技术，谁就对产业价值链有话语权，有支配力和影响力，有议价能力。如果我们触摸不到核心技术，我们在这个领域就没有资格与西方人共舞。于是，诸多企业赚钱的逻辑就变得简单粗暴，即依靠技术引进、生产线或设备引进和产品引进，直接参与市场竞争，可谓“重复引进，一哄而上”。然后，通过迅速扩大产能和产量，降低成本，降低售价，提高市场份额。最终引发同质化恶性竞争而不能自拔。可以说，诸多竞争性行业，30 多年来就干了这么一件事，即规模化外延扩张。

爆品的概念，迎合了继续规模化外延扩张的企图心。对中国企业而言，规模化外延扩张的方式已经走到尽头。也许爆品能使外延扩张得以延续。但那只是暂时的，一时性的。不是根本性的，方向性的。太过保守，会使我们的企业迷失方向。企业的方向在于摆脱外延扩张的方式，努力夯实工业技术基础，逐渐转向内涵式发展方式，这是正道。过去的时代，我们可以靠爆品或制造爆品，圈住经销商和零售门店网络，迅速形成强大的工商联盟，形成并深化工商之间庞大的一体化关系体系。

可口可乐的案例充分证明这一点，工商之间的利益关系是可以持续的。可口可乐公司用 30% 的销售收入，去影响消费者，让消费者以为 100 年前喝可乐是时尚，100 年后喝可乐还是时尚。大规模的工商合谋关系由此建立并得到强化。

现如今已经是互联网时代了，市场争夺的重心，从经销商转向消费者。企业与消费者之间的供求一体化关系很难维持。企业和消费者之间，存在的天然的对立，就是生产的效率与消费的效用之间的对立。爆品管得了一时，管不了一世。企业必须从根本上改变工业化以来的产品思维，即通过标准化的手段，把产品原型变成机器可以加工的商品，然后量产量销。企业必须站在消费者主权的立场上，依靠组织与管理能力，成为产业价值链的组织者和产品与服务的采购者。这就意味着企业必须要有控制技术和掌握技术的核心团队，由此才能整合供应链网络的力量，搭建第三方技术和第三方产品平台，才能持续为消费者生活方式中的某个部分作贡献。即所谓的跨界。否则，企业只能在消费者生活的表层，或在无关紧要的缺乏技术含量的方面，构建一个商务型的社区。这样我们就能解释，现在很多火爆的社区商务，为什么都集中在倒买倒卖的层面。

除此之外，有点技术含量的社区，差不多也就是集中在滴滴打车之类的软件产品上，或者像小米手机这样供应链非常开放的产品上。

“善”的阻碍

“善”就是善待消费者。中国企业更多的是产品代言人，而没有消费者代言。没有人为消费者代言，站在消费者的立场上对企业各部门说话，站在消费者立场上对企业说“不”。这肯定不是企业的本意，不是一个有良知和良心之人的本意。何况市场导向的观念已经流行了很多年了。用古人的一句话，就是“非不为也，不可为也”。到底是什么阻碍了企业不这样去做呢？是工业化以来，产品经济的思维以及大量生产方式，阻碍着本土企业去善待消费者。

受早期工业化及产品经济思维的影响，企业努力开发产品原型，然后借助于工业标准化的手段进行量产量销，谋取规模经济收益。中国很多企业老板不明白的是，工业化早期的这种思维和做法的有效性，是有历史条件的。这就是不成熟的市场和成熟的产品。

企业只需要把成熟的产品，经过老百姓生活检验的产品，拿来进行规模化生产，以降低成本和售价，就可以打开大众消费市场，获取规模收益。在西方，早年的一些企业老板，会努力挖掘人类历史上积攒下来的那些精品，如锅碗瓢盆、桌椅板凳、服装鞋帽，把它作为工业产品的原型，借助工业标准化的手段，以机器代替人力，进行大规模生产，降低成本和售价。那时的老百姓或消费大众，对皇亲国戚、达官贵人、殷实人家使用的东西心仪已久，就是没有钱购买。他们的消费或需求是不成熟的，对廉价的工业品保持热诚的态度。中国改革开放以后，本土企业也遇到了这样的黄金时期。只要依靠简单引进，包括引进产品、引进生产线，就可以规模化量产量销，获取利润与财富。可是好景不长，消费者越来越挑剔了，市场成熟了。他们追捧的不再是廉价的工业品，降价促销对他们来讲已经很麻木了，除非你不要钱，我会考虑考虑，要不要去用用你的产品。如果是 386、486 这样的电脑，白给我都不要，懒得去拿。免费送到家，我都嫌没地方放。消费者需要的是生活方式，需要的是能够满足生活方式需要的产品与服务。一句话，今非昔比，企业面对的是成熟的市场和不成熟的产品。面对这种迅速逆转的环境，面对这种急转直下的形势，大部分企业是束手无策的。专家学者在说什么市场导向，顾客是上帝，已经没用了，没人听得进去了。谁要斗胆跑到企业讲科特勒那套东西，准被人轰出来。其老板一定会说，少废话，要不你来干干，我这大规模的生产线，怎么转向市场导向？专家学者也得活下去啊，他们也得要挣钱养家呀！真有聪明的专家学者，脑子终于转过弯儿来了。发现小米干得不错，手机都卖爆了。这些专家学者，终于找到了这个历史时期的课程卖点，这就是“爆品”。什么是“爆品”？就是可以大规模引爆市场的产品，就是可以继续量产量销的产品。这是在大量生产方式条件下，企业家们听得进去的话。对某些传统大叔来说，只要保持产品经济的思维，只要保持大量生产的方式，那么我们也来玩玩爆品吧！一时间爆品的概念甚嚣尘上。中国人玩概念的能力很强，既然有人已经叫响了爆品，那么我就叫别的，宁为鸡头不为凤尾，我就来一个极致、尖叫、无敌，怎么样？

反正在《康熙字典》中有的是这类吸引人眼球的词儿。反正有人说过，互联网经济就是眼球经济嘛。

别把爆品说得天花乱坠，就3个概念：高频、刚需、痛点。按理说，爆品的故事应该结束了。所有传统大叔都应该认真去思考这3个概念。这3个概念讲得多精准，多简约。你只要踩住这3个点中的任何一个点，你都有机会活下来。如果这3个点你都踩中了，自然就是爆品。全世界有多少人都在思考这 3 个点呢？我告诉你，不计其数。那又有多少大规模生产的企业踩中了这 3 个点呢？我告诉你，寥寥无几。结论由此得出，你没必要在这儿浪费时间。

这里不是你的出路，这里没有你通向未来的大门。其中的道理很简单，规模化的生产与多样化的需求之间的矛盾已经深化，不可能在产品的表层概念上予以有效的调和。必须在产业结构及其组织方式的深层次上，进行系统的调和或缓解。

世间事就是那么奇怪，一旦有人追捧爆品，更多的人心里就痒痒。万一，万一呢？万一人家找到了爆品，那我不就亏了吗？这是一种什么心理？这种心理可以在旅游景点购物的情景下看到。有一本书似乎能解释这种心理状态，就是法国人写的《乌合之众》。这是一本学术著作，译者或出版社也许受标题党的影响，起了这么一个扎眼的书名。比起工业 4.0 来讲，利用互联网来联结广大消费者群体，似乎更能提高效率，降低成本和售价。所谓“去中介化”。然而，从创造价值或创造物质财富的角度看，中国企业更应该在产品的功能和品质上下功夫。通过提高产品的有用性及其使用价值，来提高产品的性价比。尤其要关注，通过提高产品的性能和品质，来降低使用成本，提高使用效率。这是另外一些专家学者倡导工业 4.0 的原因和理由。

这是两种并行不悖的正确的思维，至少比起爆品的概念来讲，它是正确的思维，代表了未来的方向。

连接或协调这两种并行不悖思维的概念，就是基于互联网的社区建设。我强调的观点是，利用互联网去构建与深化“供求一体化”的社区关系，去深化消费者社区的数字化生活内涵。从而促进新的产业组织方式的形成，以及产业价值链生态的形成。在此过程中，有的放矢地改进和提高我们的生产技术基础，逐渐地导入工业 4.0 的概念。

从由浅入深，由点到面，去提高我们的产品品质和性能及使用价值，逐渐丰富或改善消费者社区的生活方式和生活体验。而不是简单地利用互联网手段去中介化，停留在降低中介成本的水平上。我们知道，在那些竞争性行业中，中介的成本和费用或利益空间已经很小了。

仅仅停留在去中介的概念上，会引发进一步的恶性竞争，其结果，要么利用资本市场烧钱圈用户；要么倒逼供应链，劣品驱逐良品。当然，更不能利用互联网，去制造什么噱头或制造什么爆品。

我们必须彻底放弃产品的思维，学会利用互联网手段，去构建供求一体化的社区，走进需求链，走进顾客的生活方式。换言之，我们要把注意力转向经营社区，而不是经营产品。我们不要浪费了移动互联网的机会，浪费了老天爷赋予中国人千载难逢的机会。

可以说本土企业，在满足顾客需求方面，没有强烈的意愿和足够的能力。有了互联网手段之后，首先想到的不是如何去弄清楚顾客的生活方式及需求。而是如何通过去中介化，来提高产品的性价比。到头来我们在产品的“善”这个维度上，还是得不到长足的进步。是谓背道。

互联网只是一种手段，任何手段，工具和方法都应该为目的和意图服务。在爆品的意图下利用互联网，不可能走出工业化的未来之路，也不可能使互联网变成人类美好的生活状态。

早在互联网问世以前，那些优秀公司及其成员就有强烈的愿望，去了解消费者是怎么使用产品的，是如何利用他们的产品构筑生活方式的。他们知道，目标消费人群是怎么消费土豆脆片的，知道有多少人是先吃完整的，有多少人是先吃碎片的。他们知道，有多少人喝可乐是放冰块的，有多少人是不放冰块的。他们知道，大部分人一条牙膏用几个月以后才会更换，有多少家庭牙膏盖是找不着的。他们比你更知道，你有多少双袜子，有多少双袜子穿了多久，有多少双袜子是配不上对的。

他们知道自己是专业公司、专业人士，必须拥有专业的知识，必须在组织形态上，依靠点点滴滴、锲而不舍的努力去积累专业知识，这样才有可能使企业与消费者共同成长。这些公司所掌握的需求知识，以及有关消费者生活方式方面的知识与专业程度，超出我们的想象。

相比之下，本土企业有关需求知识的贫乏与专业程度的低下，也是超出我们想象的。讲个故事就明白了。有企业售后服务人员，特地打电话给我，先问一大堆莫名其妙的问题，当确认我叫什么，什么时候买了他们一台什么样的空调之后，开始给我提供所谓服务。即提醒我冬天来了，如果打算停止使用这个空调的话，建议用专门的外罩，把空调罩起来。如果外罩找不到了或丢了的话，可以从他们公司再买一个……弄得我哭笑不得，只能说声谢谢，把电话挂了。

企业必须务实，通常不会做这种表面文章。以上案例说明一点，他们缺乏需求知识，缺乏把握市场需求方面的专业。我可以大胆的推断，即便有了互联网这种有效的工具，这类公司也不会有意识地提高对市场的认知，提高对需求的专注化程度和专业化程度。自然的结果就是，利用互联网去中介化，降低或省去中间成本费用，然后，继续进行规模化量产。

“美”的迷失

“美”指的是美观设计。在物欲横流的现实世界里，我们真的不知道什么叫美。有些人有钱，不买好的就买贵的，有钱就是任性。

有钱人炫富，没钱人追风，很多人的审美情趣也就随之改变，导致审美上西风东渐。当一些西方人羡慕中国姑娘的时候，一些中国姑娘却刻意模仿“洋妞”。改革开放之初，做一块小牌子，打着“上海服装”“上海裁缝”就能做生意，现在则都打着寒潮和风。无论是生产者还是消费者，我们都已经在美学领域迷失了自我。

看看外国人在干什么？他们处心竭虑地对中国人的审美情趣施加影响。从概念车、卡通人物，到T形舞台，再到各种奖项的评判，让中国的消费者趋之若鹜，让中国的设计师乐此不疲。他们会花重金选拔和培养模特，再花重金选拔和包装设计师，然后在T形舞台上闪亮登场，并且借助大众媒体进行传播。在这一连串的动作背后，存在一个庞大的利益联盟。谁都明白，这是一个圈，进圈等于进账，出圈就是出局。这就是西方公司擅长干的事情。衣服多了就得买柜子，柜子多了就得买房子。房子柜子有了就得买车子。岂止“五子”登科？这让我想起古人子产说过的一个故事，一个人会不知不觉地掉进一个圈里，出不来。开始的时候，只是换一副象牙筷子。后来呢，就要配上玉碗，配上美酒佳肴，最后就是声色犬马。

我有时候很佩服西方人的思维。他们的推销策略可谓深谋远虑，谋定而后动。先是组成一个圈，形成策略联盟，用系列的策略，持续而连贯地对一个市场进行渗透。据说有一家生产鞋的企业，他们设计的鞋一度非常畅销。有领导考察这家企业，问产品研发部门的经理，你们怎么能够设计出那么好看或畅销的鞋？经理回答说，大胆起用年轻人。他们设计的东西，一旦非常中我的意，当场撕毁。反之，我看了以后很生气，别着急，到门口抽支烟，让激动的心情平静下来。返回办公室，签上字，准予生产。准畅销。

“美”这个产品的要素，已经被西方公司纳入策略形态中了。他们对目标消费群施加的策略，是连续的，不是离散的。他们不会图一时的痛快，去追求爆发性的增长。他们不会暴殄天物，并企图把一款产品卖爆了，卖到天上去。

他们会小心翼翼地在一个点上进行渗透，这个点，可以是技术（真）、需求（善）或艺术（美）。一旦得手就开始延展，通过产品的迭代进行延展。扬弃一些元素，增加一些元素。不断跟进消费者生活方式及其演变趋势。同时不断培育自身的能力，包括核心竞争能力，保持企业与消费者同步成长。并努力维持三者的平衡，即企业的成长、消费者的满意和竞争者的超越。

宜家家居是非常典型的案例。他们不会背离自己的能力以及供应链相关者的能力去追逐爆品。最终让自己暴饮暴食，暴死街头。他们会在与顾客的互动中，逐渐培育自己的能力，逐渐提高对消费者的满意度，逐渐超越对手。所谓企业与顾客同步成长。这就像人和人之间的关系一样，当你在影响一个人的时候，那个人也在影响着你。当企业变得越来越适合目标消费者的时候，其实，目标消费者也变得越来越适合企业了，越来越适合于企业拥有的核心竞争能力了。两者相辅相成，相得益彰。

所以我们不能用爆品的思维，去思考企业与消费者之间的关系。至少那个不是互联网时代或社区商务时代的思维。而是产品经济时代的思维，是工业化早期的思维，比如福特的 T 型汽车。甚至是农耕时代的思维，比如一招鲜吃遍天。宜家的做法就是，通过独特设计的能力，一步一步把顾客套牢。只要你一不小心买了宜家的一件家具，比方说，沙发。你就跑不了了，你就被套牢了。你走遍了所有家具商店，你都配不到理想的茶几，配不到理想的地毯。你只能乖乖地回到宜家，配上他们给你设计的茶几和地毯。这时候你就很纠结了，要么扔掉新买的宜家沙发、茶几和地毯，要么就下狠心，把那些不协调的旧东西扔掉，换上宜家的角柜、厅室柜、电视柜，还有窗帘和摆件。几年以后，从客厅到厨房，从书房到卫生间，都是宜家家居了。

中国人缺少的是开发爆品的能力，包括爆品专家在内，都不知道如何弄出一款爆品。爆品之于中国人来说是一个小概率事件，小概率事件可以忽略不计，不值得大肆宣扬。

小米案例不能解释为一款爆品的成功，更不能解释为“爆品意识”的成功。雷军在卖爆小米手机之前，压根儿就不知道“爆品”这两个字。开始的时候，他只想做一款正经一点儿的山寨版手机。后来在网上遇到了一群发烧友，他才有了做一款代表中国的品牌手机。即便如此，其中也暗含一个必要条件，这就是手机供应链是开放的。没有这个条件，雷军要想打造一款中国品牌的手机谈何容易？这也是董明珠特别不服气的地方。你一个干互联网的小伙子，凭什么能干过我们做实业的？要不你开发一款空调爆品试试？直到小米手机上市这一刻，雷军都不敢奢想他的产品会卖爆。还一直为定价纠结，是 2999 元还是 1999 元？事成之后，他自己都觉得很诧异。他曾对人谈及当时的心境，说是从未想过要在手机上挣钱，真没想到现在挣钱了。

百年工业化的历史，给我们每个人牢固地树立了一种思维，一种产品思维。即努力开发出产品原型，借助标准化的手段，进行工业化的大量生产。并依靠看不见的手，完成对陌生人的大量销售，获取货币并带来利润。从本质上说，产品是一个纽带，连接着供求之间的劳动关系和利益关系。供应者与需求者通过产品的交换，实现了彼此的劳动交换和利益交换。

互联网给了我们一个机会，使供应者和需求者可以直接连接起来，并不一定需要通过产品及其产品的流通与交换，实现供求一体化或供应者和需求者之间的连接。供应者完全可以运用自己所掌控的资源、关系和条件，直接为需求者及其需求作贡献。也可以就产品开发这件事情与需求者进行合作，并在共创共享的原则下，不断深化彼此之间的关系，相互作用、相互依存，直至永远。是谓互联网时代的产品思维。

一锤子买卖

不做一锤子买卖。这种现象主要体现在 4 个方面。

第一是态度。买前的态度和买后的态度判若两人。顾客购买前，店家的态度令人如沐春风，上赶着给你献殷勤；顾客购买后，店家的态度立马变得冷若冰霜，就好像不认识你这个人。

第二是方式。买前的待客方式和买后的待客方式截然不同。顾客购买前，店家恨不得把心窝子掏给你，好话说尽、端茶送水、迎来送往忙个不停；顾客购买后，店家的热情立马直线下降，如果你不开口，连杯热水都不会端给你。

第三是时间。买前的待客时间和买后的待客时间相差万里。顾客购买前，店家恨不得一天二十四小时见到你，一天二十四小时黏着你，就像一块狗皮膏药一般紧紧地贴在你身上，仿佛你就是对方的全世界或对方世界的中心；顾客购买后，店家却神奇地从你身边消失，仿佛和你多说一句话都是浪费时间。

第四是效率。买前的办事效率和买后的办事效率天壤之别。顾客购买前，所有的环节一路绿灯，异常顺利；顾客购买后，所有的环节一路红灯，磕磕绊绊。

不经思考的从众，只会让你看起来很傻

不从众，才会出众

如果你去观察现在的网红娃娃机门店可以看到，这里活跃着不少女性玩家。其中约大部分为“80后”“90后”年轻用户，平均进店娱乐时长达50分钟。北京三里屯某消费者表示，可爱毛绒和夹娃娃的过程能够让人心情愉悦，LLJ夹机占是出街娱乐的首选之一。

过去男生是手办等衍生品消费的主要客群，而现在盲盒、毛绒等夹机景品走热，带动整体IP衍生品消费用户群扩张，女性成为组成潮玩娱乐消费市场的消费主力。

现代女性更加注重情感诉求，氪金为情绪买单。对于新消费品而言，创造独特的体验，陪伴用户、照顾消费者的情绪更加重要。对此LLJ夹机占也在产品、空间环境和服务等细节下足功夫。比如，店员也是“陪玩师”指导协助夹娃娃，保证用户能够夹到玩偶；网红娃娃墙提供打卡点拍照；把玩偶串在Tone带上出街“晒”战利品等独特玩法体验。每年举办50+场LOLITA、汉服、JK、粉丝应援等文化主题活动。正是这一系列的举措，让它在同类竞品市场脱颖而出。

我们称之为经过深思后的出众服务。

有人曾做过一个实验：在一群羊面前设置了一个栅栏，领头的羊

纵身一跃跳过栅栏，后面的羊也跟着跳过去。接下来的一幕就有趣了，工作人员将栅栏移走，后面的羊走到这里时，仍像前面的羊一样跳了一下，就好像栅栏还存在一样。这就是“羊群效应”。所以，有经验的牧民在放牧时，往往只要控制好领头的羊，这样羊群就不会走丢了。简单来讲，“羊群效应”可以理解为一种从众心理，跟风、随大流，别人干什么，我也干什么。跟随大众，无疑要放弃自己的独特性，而放弃掉自己的独特性，人就会变得麻木沮丧。

爱默生说，我们每个人都有不同的沸点。可从众，无异于把大家放在同一把火上煮，出来的多是标准品。生活也是一样，比起从众，坚持自己的想法和喜好，能够过得更加快乐。而自己喜欢的事情也往往能够投入精力去做，更加容易做出成就。人生短短几十载，他不想随波逐流，只想做喜欢的事情。体面的工作、高昂的年薪能满足人一时的虚荣；可能够陪伴自己到老到死的，唯有内心的充实和那些美好的回忆。这是一种境界，也是一种智慧。从众很容易，从心却艰难。大多数人选择做容易的事，而那些艰难地从心活着的人，却收获了人生的至乐。

为什么大多数人爱从众

因为在人群中，能够感受到安全，对于缺乏独立思考能力的人来说，“众”实在是个避风港。大家都去做公务员，我也努力去做，发不了，可也穷不死；大家都买房子，我也去买房子，也许赚不了大钱，可一定亏不到哪里。哪怕别人吃肉我喝汤，也比枪打出头鸟要来得舒服。很多新店开张，都会雇人到窗口去排队。排队的人多了，就会有人站到队伍的后面去买，这就是消费者的从众心理。网店买好评，也是一样的道理。可以说，从众，是大多数人的软肋，只有不从众，坚定自我的人，才是对生命负责的人。在众人皆麻木不仁浑浑噩噩之时，鲁迅神志清醒、执笔为剑，直指旧社会的愚昧与腐朽。

在众人执着于哈佛的毕业文凭时，比尔·盖茨和扎克伯格先后从哈佛退学，创立并壮大了微软和Facebook，站到财富的顶端。大家都追求体面，芙蓉姐姐偏要出风头。若不是她当初不走寻常路，现在恐怕已经回到了老家，归于平凡。而现在，她在物质上和精神上都获得了很大的自由。虽说她的价值观中有一些让大多数人不能认同的东西，但是，不得不承认，因为不从众，她才收获了不一样的人生。

就像水中的石子儿，有的随着小溪穿越千山，最终化为大海中的淤泥。而那些岿然不动的，最终都被流水冲刷成光滑完美的鹅卵石。只此一生，何必从众？

到底“财务自由”，还是被束缚的人身自由

越想财务自由，就越难财务自由

“急着想要财务自由”的想法，会让你在不知不觉间迷失在3个泥沼，爬不出来。

第一个迷失：颠倒了手段和目的在做事时，我们要先想清楚：什么是“手段”，什么是“目的”。

有位学员说：“我的人生愿景就是财务自由。老师，你可以告诉我，如何才能实现这个愿景？”

我问：“当你财务自由以后，你想要过什么样的人生？”他沉默了一会儿后，说：“自由自在的，能够去做自己热爱之事的人生。”写到这里，相信你也能看出，其实他想要的人生愿景并非财务自由，而是财务自由之后的东西。在跟刚才那位学员的对话中，他说自己的人生愿景就是财务自由，而财务自由则是为了去实现做自己热爱之事的目标。所以后来我又问了他一个问题：“假如抛开财务自由这个前提，还有什么方式能够让你去做自己喜欢的事？”后来他果真想到了其他可行路径。

其实，我遇到的几乎每一位想要财务自由的人，他都有着在财务自由后想要实现的愿望。而那个愿望对他来说，才是最最重要的。有

人想要的是财务自由后的工作地点自由；有人想要的是财务自由后可以去做自己真正热爱的事；也有人想要的是财务自由后可以离婚，重获选择生活方式的权利……

这些东西，才是隐藏在财务自由背后的真正“目的”，而财务自由只是实现这个“目的”的手段。假如你把它们的关系弄颠倒了，就很容易被财务自由的“手段”绑架，从而忽视了真正想要实现的“目的”。

第二个迷失：颠倒了“本”与“末”。当一个人天天都在想着如何才能实现财务自由的时候，往往很难实现。相反，只有当一个人整天琢磨的都是：“我要用我的 ×× 天赋优势去满足 ×× 客户的 ×× 需求，同时真正做到的时候，他才可能真的拥有财务自由。”

为什么？前者是“舍本逐末”，后者是“舍末逐本”。一个天天处在焦虑中，急迫想要实现财务目标的人，还能踏踏实实、认认真真地做好当下的事情，做好产品、服务和品牌吗？显然不可能。

正如知名制药公司默克的创始人乔治·默克说过的那句话：“我们应当永远铭记，药物旨在救人，不在求利，但利润会随之而来。”

好的药物、有价值的药物是“本”，利润是“末”；当我们在追逐“本”的时候，“末”会随之而来；相反，当我们在追逐“末”的时候，“本”反而会失之交臂。那些做假药、假牛奶、不好的药、不好的牛奶的企业，他们也许可以一时风光，但他们能走多远？当你去追求“本”，也就是你究竟能给你的客户提供哪些有价值的东西的时候，你的创业是可能成功的；但假如你天天琢磨着怎么赚钱怎么财务自由的时候，就算你一时赚到了钱，实现了你心心念念的财务自由，总有一日你的客户也会离你而去，财富也会烟消云散，因为你从来不曾在给客户提供的价值上好好努力过。

正如心理学家弗兰克尔曾再三叮嘱他的学生的那段话："不要只想着成功——你越想成功，就越容易失败。成功就像幸福一样，可遇而不可求。它是一种自然而然的产物，是一个人无意识地投身于某一伟大的事业时产生的衍生品，或者是为他人奉献时的副产品。幸福总会降临的，成功也同样：常常是无心插柳柳成荫。我希望你们的一切行为服从良心，并用知识去实现它。总有一天你会发现，当然是相当长的时间之后——注意，我说的是很长一段时间后！正是由于这种不关注，成功将降临于你。"

重新认识财务自由

其实，财务自由与我们大多数人心里想的都不一样，我们应该重新认识它。

1. 财务自由不是你实现人生理想的前提条件

大家都爱这么说："等我财务自由了，就能去做自己想做的事了，可我现在还不能。"如果说没有实现财务自由，就不能选择想要的人生，那么这个世界上就会少了很多非常有趣且有独特贡献的人。假如你的最终目标就是去做自己真心热爱的事，那么请相信我，你从现在起就可以去做了。

第一种路径：齐头并进型。“齐头并进型”的路径意味着你得在工作时间努力工作、努力赚钱；在业余时间去做能够满足你热情的事，二者齐头并进，直到有一天时机成熟，你就可以获得自己真正热爱的工作了。比如：日本著名作家村上春树就是这样做的。原本他与妻子经营一家酒吧，有一天他忽然意识到自己很想写小说，于是就开始一面经营酒吧一面写小说，直到3年多以后，他才决定出让酒吧，成为一名专业的作家。

第二种路径：理想型。“理想型”路径说的是如果你有非常强烈的热情、足够的定力、明确的愿景，就可以先做你真正热爱的事，等将它做到非常好时，就会有人来主动给你钱，这就是“守得云开见月明”的理想型。比如：世界闻名的动物学家、动物保护者珍·古道尔。最初，她是冲着她的人生愿景和热情去了非洲，也因此放弃了物质方面的要求。最后，因为她的成就与贡献，物质和经济的保障却悄悄降临在了她的身上。这就是“理想型”的路径。

从上面两种路径可以看出，财务自由并不是做自己所爱之事的必要条件。的确，有了“财务自由”，我们去做自己热爱之事的可能性和随意性会增加，我们的内心负担会减少，我们会感到更轻松，选择也会更多；但这并不是说，只有获得了“财务自由”，我们才能去做自己真正热爱的事。

2. 财务自由并不等于真正的自由

什么是真正的自由？“心灵自由”才是终极的自由、真正的自由。

财务自由的人，未必心灵自由；而心灵自由的人，其实并不需要财务自由，就能感受时时刻刻的自由。

什么是心灵自由？心灵自由就意味着无论你身处什么样的环境，身处什么样的境遇，顺境或逆境、富有或贫穷、健康或疾病、儿女成群或孤独一人，你都始终拥有选择自己的态度、生活方式以及思维方式的自由。关于心灵自由，有两位特别有代表性的人物，一位是哲学家庄子，一位是心理学家弗兰克尔。庄子很穷，平日总是穿着打了补丁的粗布衣服，踏着麻绳绑住的破布鞋。但是，他的内心却很自由，他说："不为轩冕肆志，不为穷约趋俗，其乐彼与此同，故无忧而已矣。"意思是：不要因为荣华富贵而放纵懈怠，也不要因为一时穷困而随波逐流，无论富贵还是贫穷，其实内心的快乐都是一样的，总是无忧无虑的。他还说："举世誉之而不加劝，举世非之而不加沮。定乎内外之分，辨乎荣辱之境，斯已矣。"意思是：即使全世界的人都赞美他，他也不会因此而更加努力，就算全世界的人都责怪他，他也不会因此而难过。他能清楚地认定外物和内心的分别，能分辨出荣誉耻辱的界线，内心不会受外界环境一丝一毫的影响，一切不过如此罢了。这些话代表的其实都是内心的自由，这种自由既不因富有或贫困而改变，也不因赞美或责备而改变。这就是最高形式的自由，是人世间我们所能获得的终极的自由。

心理学家弗兰克尔呢，他也是一位活出了内心自由的人。纳粹时期，弗兰克尔与他的家人都被关进了奥斯维辛集中营，最后，他的父母、妻子、哥哥全都死在了毒气室里，只有他和妹妹幸存。在整个过程中，他被剥夺了一切自由，身体的自由、交谈的自由、阅读的自由，更别提什么财务的自由。但他却在书中告诉我们：人所拥有的任何东西，都可以被剥夺，唯独人性最后的自由，那就是在任何境遇中选择自己的态度和生活方式的自由，它是不能被剥夺的。所以，他选择了他的人生态度，在肉体和心灵饱受摧残、家人被迫害致死的情况下，依然选择成为一个乐观且有目标的人。他也是真正活出了“心灵自由”的人。

可以说，心灵的自由是人类所能达到自由的最高境界，也可以说，“心灵自由”就意味着人生的开悟。而“心灵自由”的基础，并不是我们天天挂在嘴边的“财务自由”。否则，庄子和弗兰克尔又如何实现“心灵自由”呢？

3. 财务自由是永远都无法实现的

我的一个朋友，是一家世界500强外企的市场部总监，虽然他拥有两三千万元的资产（包括房产），但他还是常常深感焦虑。于是我问他：“在什么情况下，你就能够真正放松呢？”他说：“财务自由的时候。”于是我又问道：“你觉得拥有多少钱就能算作财务自由呢？”

他说：“一个亿吧。”

我相信，假如有一天，当他真能拥有一亿元的时候，他的欲望还会继续膨胀，那时也许会觉得要有两亿元才能自由。为什么？这就是亘古不变的人性啊，人性中的“贪、嗔、痴”何曾改变过？如果缺少觉察，它们便会常常左右我们的想法与行为，让我们永远也得不到真正的幸福与心灵的自由。

所以，“财务自由”的定义永远都在变，也许是一千万元，也许是一亿元，也许是两亿元，除非我们学会了如何去觉察自己的欲望。

4. 人身自由更可贵

31 岁优秀的海归博士于娟，复旦大学讲师，被确诊为乳腺癌晚期。在生命的最后时刻，她在博客中说：“你会发现，任何的加班、给自己太多的压力、买房买车的需求，都是浮云，如果有时间，好好陪陪孩子，把买车的钱给父母买双鞋子，不要拼命去换什么大房子，和相爱的人在一起，蜗居也温暖。”物质生活永远是无止境的，所谓“财务自由”更是一种说不清的事情，也许只可意会，不可言传，关键是看一个人的心态、一个人对生活的态度。你能说住 70 平方米房子的人一定会比住别墅的人幸福感差吗？我想没有人敢如此肯定。保持一颗低调释然的心，让自己过得轻松自由一些，就是最大的“财务自由”。实现人身自由，远比财务自由更珍贵。没有人生的自由的“财务自由”，最终只会是镜中花、水中月，可望不可及。

“90 后”，真能靠攒钱改变现状吗

攒钱是改变命运的策略

随着“90 后”逐渐步入社会，在高成本生活的重压之下，他们懂得了存钱的重要性。但也有人会泼冷水：现在的房价这么高，物价这么贵，真的还能通过攒钱改变现状吗？其实现状并不仅仅是被攒钱改变的，而是由攒钱过程中所产生的一系列“蝴蝶效应”改变的。

1. 越早攒钱→越早理财→越早有被动收入

一生的时间有限，用时间换的钱是有限的。让钱生钱，实现财务自由！这才是“90 后”内心的盘算。当你把攒钱作为一个目的来执行的时候，首先是你的心态会不一样。哪怕只是很少的钱，哪怕一天只有几十块，哪怕只是随手放在支付宝或者微信余额里，你都会感受到一种小小的满足感。因为你知道，这是余粮，这是在关键时刻你可以随时动用的资源。而且每一天，这笔钱都会多上一点点，并且立刻可以体现在余额中，你会本能性地囤积更多钱用于生钱，囤积和收集癖是人类的本能，这种小小的满足感，会敦促你继续攒钱。这会给你带来前所未有的安全感和舒适感，哪怕钱不多。

2. 攒钱的思维

多数普通人的第一个 10 万元，其实是靠工资攒下来的。中国人素来有存钱的习惯，但在“90后”这一代突然剑走偏锋。从几个数据不难看出：“90后”的平均存款只有815元；“90后”人均负债12.79万元，负债额是月收入的18.5倍。许多年轻人的负债并非因为房贷，而是超前消费。今朝有酒今朝醉，是挺爽，但如果你不是富二代或是家里有矿，这种爽是镀金的，是空心的，是无法开花结果的。因为漫漫长路上，比“爽”重要的事情实在太多了。攒钱其实就是一种思维，攒钱的思维。如果你的思维还停留在“收入 - 支出 = 储蓄”，那你怎么都攒不下来钱。因为你储蓄的多少，不是个定数，这个数的多少，取决于支出，因为收入相对固定。支出多了，储蓄就少了；支出少了，储蓄就多了。这个弹性，是不是很难控制，很阻碍你储蓄啊？如果要攒钱，第一步，先养成攒钱的思维：收入—储蓄 = 支出。

每个月定个储蓄目标，每个月工资到账，先把储蓄目标存起来，最好是像定期这样完全取不出来的攒钱产品。你能攒多少，就看你对自己有多狠！为啥呢？收入固定了，收入可能还会往上涨，储蓄也固定了，已经被你存进定期取不出来了，那剩下的就用来做支出了。剩下的全部花了，也没关系，反正你的储蓄目标已经达成。如果再狠点儿，支出还有剩，还能多攒一点儿。

所以要攒钱，先把思维转换过来，只要有了攒钱的思维，其他的都只是辅助你的工具而已，用好了锦上添花，不会用，其实影响也不太大。

攒钱能改变现状吗

首先肯定地回答，可以。但现状并不仅仅是被攒钱改变的，而是由攒钱过程中所产生的一系列“蝴蝶效应”改变的。当你开始攒钱，你会发现：看到账户数字增加的快感，足以转化为更努力赚钱的动力。看到目标被一点点实现，那份成就感让你觉得一切都充满希望。看到一笔数字可观的积蓄，它能让你更有安全感，也更有勇气作决定。等你攒下第一桶金，你就有能力将它发挥出理想功效，继续帮你赚钱。你的财富越多，你的机会就越多。你会逐渐意识到，所有能从根本上改变现状的行为，都不是多么炫酷的事。

对于普通人来说，成功率最高的方法千百年来都没改变过，那就是：守正出奇，行稳致远。对家境平平、缺乏资源的年轻人来说，最可能改变命运的事情只有两件：好好读书，好好攒钱。在漫长的人生棋局中，它们不一定让你赢，但永远不会让你输。

怎么攒钱

用最少的钱，达到资金利用率最高。那么攒钱之前，必须得先做功课，下面就是一个做功课的范例：

（1）了解各渠道各产品的优劣势（起息和到期规则、收益率、活动力度等）。

（2）确定自己的诉求（能接受的总资金量、后续流入资金、流动性、收益要求）。

（3）模拟测算一下配置模型是否符合自己的诉求。这样，就能开启你有效的攒钱之旅！

如何才能找到更有“钱途”的行业

判断一个行业有没有前景

女性消费者一直是中国消费市场的主力，近几年“她经济”概念风靡，背后不仅是女性消费群体的扩大、女性消费力的提升，还有女性消费者话语权的崛起。面对这个社会日益激烈的竞争，人们变得无比焦虑，他们不停追问：未来是否会更糟？

我的工作是否能保住？我的创业“赛道”到底能不能赚到钱？我所处的行业是否已经到了尽头？到底有没有前途？想要知道你从事的行业是否有前途，就要观察自己从事的行业是否跟随了这个大环境的变化。

10 年前，每个人都在说：计算机行业太饱和了，竞争太激烈，不好就业，不如选一些冷门专业，一定会火。现在呢？国家统计局发布 2016 年平均工资，IT 圈以 12 万元的年薪超过金融业，成为行业第一。

历史的发展有其规律，但受到的因素制约太大。很多时候，它其实更近似一个混沌系统。不要盲目去追求“行业热潮”。因为它的不可控性和不确定性太强了。我们所能做的，就是培养自己的商业触觉，提高信息敏感度，提高自己的价值。尽可能地抢占更优先、更有效的位置。

1. 以“我”为主，培养核心竞争力

每个人都在讲“风口”。但真正的风口，往往与你我无缘。因为我们不具备那个能力，去操纵和利用它。什么才是“风口”？只有对我们有利的，能够与你的能力和特质结合，帮助你发挥才能的，才是风口。达成这一点的前提，是你要非常清楚你自身的定位，抓住一切机会，用来发展和壮大自己。如果外部世界是一片混沌，找不到方向，那不妨把目光转向内部，从自身出发，寻找答案。无论世界如何变幻莫测，提高自己的适应能力，让自己能够在不同的环境中发挥价值，永远是没错的。

我有个朋友，刚毕业时从一名普通文案，很快当上公司主创，带着一支比她资深得多的团队，只用了半年。这并不是因为她的创意特别出色，也不是因为她的执行能力非常高，而是因为，她能够协调不同的成员，调配好时间、任务、优先级，搭建框架，最高效地完成项目。这就是她的定位和竞争力：以“高效”为核心，整体地、系统地去解决问题。

培养一种核心竞争力，并将它发展到极致，无论行业如何变迁，你都可以凭借它，迅速占领一席之地。

2. 敢于试错，弥补视角盲区

在一个行业、一个公司，甚至一个职位待久了，最大的后果就是，你容易变得保守起来。你会趋向于用已有的经验做事，这就是所谓“路径依赖”。同样，遇到新的挑战和机遇，你会倾向于后退一步。因为，你的视角已经变得十分狭小，你只能看到自己反反复复做过的那些事情。其他的东西，都落在我们的“视角盲区”之内。即使有全新的机会，你也很难再去好好利用它。

所以，有一点大家一定要重视：一定要勇于试错，去主动接触新鲜事物，把握每一次自我挑战的机会。这在如今这个时代太重要了。在自身核心竞争力的基础上，广泛寻找能够让自己发光发热的机会，勇敢尝试，再在尝试之中，发现自己的不足，弥补、完善，填补自己的认知，这样才能弥补我们的“视角盲区”。你接触到的“可能性”越多，你的格局也会越高。

3. 研究行业，提升商业认知水平

不要盲目追求“行业”，是不是完全不去了解行业呢？当然不是。养成习惯，多看看行业报告。阅读行业报告的好处有很多，比如看清行业趋势，不掉进“伪风口”。这几年，越来越多笃信风口论、拼命追风口的创业者，被重重地摔到了谷底。他们失败的原因，正是不懂行业，看不清行业趋势，所以只能盲目跟风，被“割韭菜”在所难免。看行业报告目的，并不是去预测行业发展——这也是无法预测的——而是，通过了解行业，学习行业，加深我们对行业的理解，提高认知水平。

一切商业模式，本质上都是提供价值。但是，具体到一个行业里面，它存在的根基是什么？它提供了什么价值？它有着哪些环节？由谁来控制这些环节？它盈利的关键因素是什么？制约因素又是什么？谁掌握行业链条的定价权？行业市场的规模和潜力如何？集中度如何？行业链条是如何运转起来的？诸如此类。了解这些，可以让我们更深刻地理解，这个社会是如何运转的，社会上的每个环节，背后有什么样的逻辑和机制。随着认知水平的提升，我们也更容易实现“认知升级”，实现心智的全面成长。我们对自身价值的利用效率，也会得到更全面的提升。

该不该扩张？我们来算一笔账

该不该扩张

对于人的一生来说，经营企业是一件有意义的事情，它会让我们看到不一样的风景。经营企业中热情是必要的，没有热情的企业家很难熬过市场的寒冬。但是，当这种热情转化为一种我们要一直努力发展、扩张，直到成为中国的某某、世界的某某的豪情之后，事情的变化，就不一定在正确的方向上了。尽管一直采取扩张战略，听起来很有豪情壮志，但是清醒的人必须认识到，绝不是所有的生意都可以一直扩张下去。很多行业根本就不支持其中绝大多数的参与者持续取得高额回报。

企业扩张的首要条件是资金。面对租用办公场所、提升技术、招聘员工以及由此而来的任何费用需求都会减慢公司的反应速度，同时还可能让你的银行账户入不敷出。成功的企业主需要学会与时俱进，不断为企业制订新的计划和目标以应对瞬息万变的市场。这不但能够让企业持续发展，甚至能保障企业在经济不景气时依然盈利。对于高速发展的企业，除了资金以外，面临的另一个重要问题就是人力资源的扩张。人手短缺往往是限制公司业务拓展的重要阻碍之一。除此之外，还有 3 个重要的因素，导致很多行业在走过了初创期以后，很难再给参与者带来持续增长的利润。

这 3 个因素就是：市场的天花板、行业的周期性和技术变化、企业之间的竞争。

市场的天花板

首先，拿市场的天花板来说，并不是所有的行业都像互联网行业一样，拥有几乎无限的市场空间。对于绝大多数行业来说，市场其实是有天花板的。一旦行业参与者的整体供给超过了市场的整体需求，残酷的价格战和去产能就会让盲目的扩张者付出代价。

举个例子。我有一个朋友，信心满满地做一种本地化的宠物上门服务生意。生意的模式本身很好，但是为了快速扩张生意，她打算在本地投入 200 个货物交换柜。我就问她，你算过没有，整个城市有多少人会用到你的交换柜？城市里总共大概有 2000 万人，我们按一家 2 到 3 个人算，大概 800 万户，其中养这种宠物的，就算 1/10，就是 80 万户。而 80 万户里，经常离开本地、会需要服务的，如果有 1/4，就剩下 20 万户。这 20 万户里，假设有 1/2 的人有付费意愿，那么你的潜在目标客户，一共也就 10 万户。假设你的市场占有率是 20%（已经不低了），你最多就有 2 万个客户。问题是，一个柜子一年的维护成本在将近 1 万元，200 个柜子总成本是 200 万元，每个客户要在上面至少花 100 元才能打平，你算算他们花得到 100 元吗？有 100 元还不如把东西快递出来更加方便。这么一算，这个市场的天花板，基本就不支持她庞大的扩张计划。

行业的周期性和技术改变

行业的周期性和技术改变，则是企业扩张时需要考虑的第二个问题。有的行业有着强大的周期，有的行业所依赖的技术又在发生改变，这些都会导致扩张可能变成一个糟糕的选择。举例来说，在即时网络通信发展起来的时候，依赖之前短信技术的所有行业，几乎都走到了尽头。在新能源逐步发展、社会对环保的要求越来越高以后，传统能源行业的扩张就趋于停滞。在信奉短平快的新媒体行业成长起来以后，传统媒体行业的模式就受到了挑战。国际海运市场在 2007 年以前过度扩张的时候，扩张周期的下一步往往就伴随着收缩的周期（事实也确实如此）。如此种种，如果一家企业在扩张的时候，忽视了周期和技术的变化，那么这种扩张往往适得其反。

企业之间的竞争

企业之间的竞争，也就是“护城河”的高低，则决定了扩张的质量。对于那些护城河很浅、顾客黏性超级低的行业，盲目的扩张往往会导致“增产不增效”。企业规模和市场份额是上去了，但是上去的结果，要么是价格战导致企业利润微薄，扩大了规模不增加利润，要么是企业最终占有了巨大的市场份额、拿到了定价权，但正当打算大赚一笔的时候，却遭到了公众舆论以垄断为理由的抨击。

对于前一种情况来说，21 世纪第二个 10 年里的钢铁行业是一个很好的例子。扩张的钢铁企业遭到了同质化竞争的问题，客户买哪家的钢铁其实都差不多，窄窄的“护城河”加上产能过剩，结果导致最惨的时候，每吨钢铁的利润甚至跌到只有一个鸡蛋的价钱。

对于第二种情况来说，2018 年的网约车行业是一个不错的例子。在经历了之前多年的拼杀以后，这个行业的龙头企业取得了巨大的市场份额。本来，互联网约车是一个“护城河”不太强的行业，客户用哪家的软件都可以，价格往往决定一切。规模效应和拥有市场份额所带来的强大定价权，也许是加宽这种“护城河”的有效方法，但是当这种“护城河”真的被加宽时，舆论以垄断为逻辑的抨击，就让企业进退两难。

所以对于企业经营来说，持续扩张、不断扩大企业规模，并不是一件必然正确的事情。认为企业越大越好的错误认识，或者来自在过去中国经济持续高速发展下，很多企业家养成的一种惯性思维，或者来自在资本诉求的压力下所导致的战略制订失误。

许多时候，与其盲目扩大规模，企业不如持续把精力投入到加宽企业的“护城河”里，做出差异化显著、产品精致且难以复制、客户忠实度高、品牌效应强但是规模相对更小的企业。

而对于那些实在找不到“护城河”或者天花板太明显、或者周期与科技可能发生不利改变的企业来说，趁着行业还算景气，趁早把企业卖个好价钱，往往是比继续扩张更加优秀的选择。

富有，

才是富有的最高境界

第五章 认知

有钱就能进入“高端”圈子吗

你决定了你的圈子与人脉

这些年遇见很多职场小白，上来就问我各种关于人脉的问题。“我刚毕业，在陌生城市里完全没有人脉，怎么办？”“工作了几年，由于圈子的问题，我身边都没有优秀的人际资源，怎么办？”

“我性格比较内向，不擅长交际，要怎么才能获得人脉？”

“我要怎么才能接触到上流社会的人脉资源呢？”

“感觉无论我怎么努力，身边都找不到可以拓展的人脉，要怎么突破瓶颈呢？”

……

其实，大家在人际关系数量与质量上遇到问题都很正常。在社会上，我们会发现混得开的人，人脉广，好像哪里都混得开，而有些人好像在原地踏步，就算真有心想要扩容自己的人脉，也无从下手。为什么？因为是你本身决定了你的圈子与人脉！世界就是一棵树，站在上面向下看的时候，看到的都是笑脸；站在下面往上看的时候，看到的都是屁股。同样，你能否结交到对你有价值的人，取决于你身上有多少可以被对方利用的价值。

如果你自身毫无价值，或者价值远远低于对方的价值，你去结交别人时，别人肯定一眼就看出来你对他有所图。即使对方出于道义给予你一些小帮助，但不太可能在你的人生“转折点”上助你一臂之力。所以提高自身价值才是所谓人脉的基础。不要怕被人利用，就怕你没用。不管哪方面有被利用的价值都可以。你能输出知识也好，有人格魅力也罢，能给人带来快乐也好，能给人提供帮助也好，都算被利用价值的一种。都是你在这个社会安身立命的法宝。

认清自己的角色价值，比钻山打洞寻找机会重要得多。你要知道，每一个能被你当成人脉、在某个领域特别成功的人对人性和价值的认识都非常深刻。

从宏观上来看，一个人所处的社会圈子，所拥有的人脉，90% 以上跟人本身有关。每个人的家庭背景、身份、职业、能力、财力决定了他的圈子的宽度和人脉的深度。

家世背景显赫的人，哪怕只是个毕业生，都有很多人因为他“老子”的关系向他积极主动靠拢。这些家世背景显赫的年轻人多数拥有共同的生活、消遣模式，包括混迹高级私人会所、玩无人机、加入游艇协会等。于是，你会发现他们的朋友圈多数都是有钱人。这并不是现实，而是他们的层次所决定的。以此类推，一个普通上班族的人脉圈，很多都是同等档次上下的上班族。一个高级职场经理人、投资人往往就会认识很多商业“大佬”、资本大鳄、高级金领，这是由于他的职业、身份所决定的。

在相似的亲友环境下，有房子、有车子，或者手头上有某些资源的人，总是会有别人主动向其靠拢。这也是我说的由能力、财力所决定的。所以说，你刚毕业，没有什么人脉，只认识几个师兄师姐、认识自己的同学是很正常的，因为这是由你个人的真实情况所决定的。

不要奢望越级混圈

人脉圈子都是有等级的，每个人的实际情况决定了他所处的等级。一般来说，每个人都是以自己所处的圈子为中心，向上和向下一级交错去拓展人脉。相差一级，融入的难度较低。每个普通人都是从低级往上越，就好比打游戏，你要不断打怪升级，要有更高级的配件、武器和能力才能去跟大 Boss 抗衡，刚开始就给你个大 Boss 肯定是打不过的，不仅打不过，还会挫伤你的信心。

俗话说：人往高处走，水往低处流。基本上人人都想挤破头冲出自己所在的舒适圈踏入人脉资源更好的圈层。可是这东西是螺旋上升阶梯式的前进，没有人可以鲤鱼跃龙门，从一个学生圈跻身于上市公司商业圈。每天酒局上谈论的都是形势政策，身价全部八九位数起步，这种圈子不是学生圈的年轻人能轻易融入的。

也有的人肯在圈子属性上下功夫。我就见过想要混高级圈子的人，男性拼命阅读关于车、奢侈品的信息，力求做到每部名车的最新配置、价位都能脱口而出。我也见过这类型的女性，能把名牌包包、耳环、手链、项链的样式都深深刻在脑海里，每次接触高级名媛都能很好地恭维对方，且不会在话题上闹笑话。豪车可以租来，样貌可以整形，豪宅可以日租，自拍可以精修，文案可以拷贝，但是眼界、对事物的见解、学识、素养并装不出，就算你提前做功课准备也会有露怯的一天，这些东西都是数年如一日的耳濡目染，没有人能一夜从小市民变成名媛公子，但可以一夜变成土豪暴发户。也许天赋异禀的人是有的。只是 90% 的人都只能混在自身所属圈子上下一级的区域里。

混圈不等于有人脉

不要盲目混圈子，圈子不等于你的人脉，不能变现的人脉，如同吸血鬼般，只会榨干你的资金储蓄。多数人拓展人脉是希望“人脉”帮助自己前进，让自己的事业有所起色，或者给自己带来金钱上的项目、利益。

所以我们就有必要奔着终极目的来谈人脉和圈子这件事情。前文我们已经说了圈子不同不必强融。不属于你的圈子，强融进去是很难变现的。圈子要起作用，往往是旗鼓相当的博弈。他今日帮你，是因为看中你身上的某些资源，希望他日你能回馈于他。或者两人有同等的资源，互相置换、合作可以获得更大的利益，而大家通俗认为的将金钱送给某个人，这个人就能帮你办事。这种情况可能有，但能办成事的却很少。尤其是圈子越往上，很多人已经不是一个小红包可以打动了的，甚至是不屑。所以看清楚你眼前的人脉很重要。究竟你的圈子是在耗损你的金钱和时间，还是真正能够置换出有价值的“人脉”。

如何积累自身价值

在现实世界里，有些价值积累开始很难，比如金钱、地位、声誉；有些则可以从零开始，比如学识、才华。对于多数人来说，后者是一条可行的路。

只要你不算笨，又肯花时间，日积月累，几年之后，你就能成为一个领域的专家。当你成为专家，你会发现你的人生豁然开朗，之前辛苦追求的有价值人脉居然很轻松地来了。然后会遇到来自不同层面各种意想不到方向的人的帮助。因为你不再单纯扮演索取者的角色，也开始变成那个乐于助人的人。

就像在生活里，如果你是个不错的教师、医生、律师，或者某个行业的能人，又或者有某些特长，能给亲戚朋友们办事，瞬间你就会发觉，大家都热情了起来。别人热情地帮你，可能的原因只有两个，一个是过去你们有深厚的感情；另一个是，你这个人有价值。

以前听过很多人抱怨自己遇不到贵人，没人帮忙。抱怨之前麻烦先问问自己，凭什么能遇到贵人？贵人又为啥要对你好？要是为人好吃懒做，每天做春秋大梦，做事一塌糊涂，人还吊儿郎当，嘴巴还不甜，别人和你说话也不开心，你家狗怕是都嫌弃你，难道贵人眼瞎啊。你连基本的情绪价值都不能给贵人提供。在一个正常社会，熟人以人情计价，陌生人以钱计价，这很正常。不好的是那种总想占别人便宜、低价乃至无成本换取好处的人。说到底，维系任何一段关系的良好状态，不管亲情、友情、爱情，不二法门就是让自己变得更有价值。如果你总和别人说“你变了”，潜台词难道不是人家进步了，而你还在原地踏步吗？如果你自己也在不断进步，变得越来越有价值，在某些方面能帮到别人。这样，互相帮忙的良性环境就形成了。

正常的价值交换都是有借有还的。这事儿跟借钱一个道理，你借了钱又还不起，别人需要的时候你也永远借不出。那你再找别人借的时候，自然就没有底气了，良性循环自然也没有了。

这世上的事儿，从来都是“有恃”才能“无恐”，所以“有恃”这件事非常重要。有件滑稽的事儿，经常听到人说“A 是靠 B 才如何如何的”，仿佛这是很可耻的。要知道 A 能靠得上 B，必然有他的过人之处，他肯定是一个“有恃”的人。因为驱动资源需要价值支撑，你个人价值越大，能够被你使用的资源的价值才会越大。靠人发家的故事那么多，你总没听说过街边乞丐靠着王健林发家的故事吧。还是那句话，价值永远是公平交换的。

所谓人脉，只和你自身价值有关，和那些所谓的技巧无关，那玩意儿顶多就是拿来骗骗小孩子。如果别人觉得你毫无用处，大家都不给你机会，顶多敷衍几句，客气客气。别人有，你也有，大家能互相帮衬，这叫人脉。别人有，你没有，你比人家差很多，那不叫人脉，那是人家单方面扶贫。而且这个扶贫的过程必定不会很愉快。

别人的看法有那么重要吗

无处不在的看法

如今女性的价值认知从“你应该是”过渡到“我应该是”。有自己的梦想和视野，有成熟的人生观、价值观，而自己的喜好就是这一切的出发点。至于别人的看法，其实并没有那么重要。

台湾作家张德芬有一句非常励志的话：亲爱的，外面的世界没有别人，只有你自己。初读这句话，我被深深地震撼到。它让我知道了，即使是同样一个客观世界，由于身处其中的人不一样，最终看到的结果也不一样。因此，我们不需要去苛责其他人，只需要做好我们自己。但另一个层面，这句话也在告诉我们，每个人对这个世界的看法都是不一样的。我们看以下这个场景：当你在东非大草原观光，当你看到一头凶猛的狮子正在残忍地啃噬着一匹斑马，鲜血淋漓，你是什么感觉？我想大部分人都会觉得这个场景很残忍，但事实是这样吗？

我们把时间轴放长，如果没有弱肉强食，没有适者生存，就不一定有我们人类，不一定有现在的大自然，难道不是吗？这个例子告诉我们，当我们把看待某件事情的时间轴放长，得出的结论完全不同。而这，只是影响我们对某件事情看法的其中一个方面。因此我们总是告诉自己，不要在意别人的看法，但我们仍然承受着身边其他人的压力。

别人只要有什么评价，我们都会小心翼翼，心惊胆战。这种感觉很容易影响我们的生活，也会给我们带来紧张、焦虑、不安的情绪。

当然我们也会觉得委屈或者困惑，为什么别人要这么说，为什么会对自己有这样的看法，这是不是有些不公平？其实当我们这么想的时候，我们已经进入了别人的评价系统。而且，评价本身就存在主观性，所以想要公平和客观可以说是异想天开了。除非你能制定出一套标准，然而这根本不可能。

你为什么那么在意别人的看法

根源 1: 不忠于自己的内心，没有勇气

A 是一个职业女性，她觉得自己的工作很有意义，每天过得非常充实，但她却有职场人际关系上的烦恼。公司里包括 A 在内有 4 个女孩子，她们年龄相仿，经常一起吃午饭，周围人都觉得她们亲如姐妹。虽然 A 并不讨厌另外 3 个人，但周末她们频繁的邀约，还是让 A 头疼不已。即使自己很不想去，但还是硬着头皮去了，最后自己玩得并不开心。A 为什么即使违背自己的意愿也难以开口拒绝呢？根源是 A 害怕受到排挤，失去在圈子里的位置，归根结底是 A 没有勇气。A 的这种做法对往后的关系发展只会起到恶化作用，她这样老是迎合别人的期望，为别人而活，只能导致自己越来越不快乐。

根源 2: 情感需求得不到满足，不够大度

有这样一类人：电车晚点一小会儿，就会脸红脖子粗地和车站工作人员争辩；在外就餐时上菜慢一点儿，就对服务员大发雷霆。当对方向他们道歉，说“对不起”时，他们的情感需求会暂时得到满足。他们通常是童年时期没有得到父母足够的关爱、被家人朋友忽视、工作不顺利的人。这些情感需求没有得到满足的人，在生活中只要遇到一点点小问题，马上就会勃然大怒。而他们通过发火让自己的情感需求得到满足的做法，归根结底是因为他们不够大度。

根源 3：一厢情愿地以为别人懂自己，没有正确的认知

我们不知道别人内心的想法是很正常的。语言表达是沟通的基础，自以为不需要用任何语言表达，自己的想法就能让对方心领神会，亲密的人之间就该如此——这种想法是很幼稚任性的，你只是一厢情愿地以为别人懂自己。因为自己的幼稚任性迁怒他人是毫无道理的，一个人内心的真实想法是他人难以理解的，明白这一点是让自己高兴起来的第一步。凡此种种，每一个负面情绪的根源都在自己这里。所以，每一次负面情绪的出现，都是我们寻找自己缺点的机会。

人有着各种各样的情绪，我们在感受到喜怒哀乐时，位于大脑新皮质的前额叶部分会开始工作。遇到好事会开心，遇到坏事会伤心，这再正常不过。其实真正治愈自己的，只有自己；不去抱怨，尽量担待；不怕孤单，努力沉淀。

你下的决心足够坚定，才会不动声色，每次高调地宣誓与喋喋不休地强调，都只是虚张声势。不要去焦虑太远的明天，因为焦虑并不能解决任何问题，只能令现状变得更糟糕。把埋怨的话放一放，把负能量都收一收。去习惯一个新的自己，阳光、正能量的自己。

改变他人看法，不是让我们成为“杠精”

改变他人的看法，并不是说让我们和别人对着干，成为“杠精”。以下情形，我们有义务去改变他人的看法：

（1）我们是局外人，旁观者清。有些情形下，我们身边的朋友因为涉事其中，往往无法形成比较客观、明智的看法。比如，我们劝一个身边的朋友去戒烟、戒酒，甚至戒毒。

（2）我们在某些方面的阅历比他人更深、懂得更多，我们能对事情的是非曲直有更加准确的判断。比如我们去让我们的孩子对学习有更好的认知、我们劝一个沉迷网络的青年迷途知返。

（3）我们由于掌握了更加先进的知识或者资讯，我们比其他人领先一步，比其他人更快地看到了事情的结果。比如，拿这次新冠疫情来说，往往是处于事情最中心的人，最先知道事情的严重性，因此，我们需要说服我们的朋友、亲人尽快采取防控措施。

爱打扮就是“肤浅”吗

有一次张爱玲的两个朋友去她家做客，张爱玲穿着袒胸露臂的晚礼服，手镯项链，珠翠摇曳，一身香气。朋友以为她要上街。张爱玲说：“不是上街，是等朋友到家里来吃茶。”这两位朋友便识趣地说：“既然你有朋友要来，我们就走了，改日再来也是一样。”

张爱玲却慢悠悠地说：“我的朋友已经来了，就是你们二位呀！”可见张爱玲深入骨髓的骄傲和高级。这也是会打扮的具象化表现。

传统文化里面，讲求不要“以貌取人”，要透过本质，去看一个人的内心，但实际生活中，“脸”就像我们的门面，我们喜欢美，喜欢美的人、美的事物，这是一件自然存在的、无可非议的事情。

人是一种视觉动物，每个人在选择自己另一半的时候，外貌必然是需要考量的一个因素。这个考量，不是说要求美得多么惊天骇俗，至少得看着舒服。一张绝世再难遇见的盛世美颜，纵然是一桩美事，却不是每个人都能够拥有的，我们大部分人能做到的是干净整洁，穿着得体，而不是不修边幅。看起来自然舒服，比长得美丽帅气更加重要。

莎士比亚说：衣着是一个人的门面，拥有一张好的门面，可以帮助我们在事业上获得成功，同样能在生活中给我们带去无限的乐趣。对美的追求就是肤浅的这种错误观点，和我们之前理解的肤浅的概念其实是相反的。如今这个看脸的社会，没有好的先天条件便罢了，若还不通过后天努力塑造一个好的形象，那么在招聘场失去的或许是一份好工作，而在相亲场上将要面临的或许是失去一个心仪的好伴侣。诸如此类的事太多太多，错过的是一次又一次宝贵的机会。

我们的社会越来越进步，知识储备越来越丰富，信息技术也越发进步，那么我们的穿衣品位也必须进步才行。在我们周围凭借相貌脱颖而出、通过实力获得成功、渴望赢得尊重的人都非常重视自身穿着打扮。衣着作为一门生活的艺术，时刻与我们相伴。

外在的穿着打扮也是我们内心的呈现，衣与人其实是融为一体的。衣着可以帮我们转换心情，也可以帮我们传达情意，衣着完全可以成为我们的好朋友。衣着有品，人也有品，衣品犹如人品。

从“我养你”到“是我养你的”

网上有个针对“上海家庭谁管钱”话题而做的街头采访视频很火，当中一些观点非常有趣：“管钱当然是老婆的事了”“因为周围没有男性管钱啊”“女方管钱的话，婚姻的持久率会比较高”“男人有钱就变坏，女人没钱才变坏”“男人管不了大钱”……

可见，女性管钱在上海家庭相当普遍，且似乎已成社会共识。可以说，在现代社会中，尽管股票高手和投资专家大多为男性，但对于普通家庭理财而言，女性可谓绝对的“财政部长”。当中映射的，是时代发展所伴随的女性地位的崛起。“她意识”高度觉醒，同时“她经济”更是备受重视，越来越多的女性成为投资理财、消费的主力军。

从传统的被忽视、处于依附性地位，到如今的被关注、在家庭理财占主导地位，中国女性完成了自身的华丽转型。这种变化不仅发生在家庭理财，同样见诸社会各领域。《喜剧之王》里面，尹天仇冲着柳飘飘的背影喊道：能不能别去上班了？

柳飘飘回头一笑：不上班，你养我啊？尹天仇仿佛下了很大的决心，喊出了一句：“我养你呀！”镜头一转，柳飘飘坐在车里泪流满面。很多小女生，当年看到这些，觉得超级感动：有人愿意为我挡风遮雨，真的超级感人呢。但 10 年后，很多人再看这部剧，会觉得他们的生活如果按照这个轨迹走下去的话，或许会非常令人不安：大家都没啥钱，说什么养不养的。退一万步讲，尹天仇逆风翻盘，成了一个超级能赚钱的演员，再面对一个不上班不赚钱只知道给自己喊口号的柳飘飘的时候，会不会有所改变？到时候坐在车里哭的原因，就再也不是找到了爱情，而是被所谓“爱情”抛弃。

在婚姻的泥淖里，摸爬滚打多年的女人，是需要成熟一点儿清醒一点儿的，不是每个人都能完美符合我们的期待。到最后你会发现，这种养，不是“什么也不用做”，而是“什么都得做”，甚至是“整天都得做”。万一不做，就要担上“天天吃我的、用我的，跟个废人一样”的罪名。

张娜拉有一个公益短片，看哭了无数女人。在这个视频里，你会发现在家庭之中，从始至终，都是妈妈一个人。一个人喂奶，一个人抱娃，一个人做饭，一个人打扫，一个人带孩子上医院，一个人几次夜半醒来，焦虑又心疼地泡奶换尿片，一个人拉扯孩子长大。等到她好不容易一个人把孩子送到医院急需帮助时，丈夫发来短信，说：“我不回来了。”这就是女性的尤其是被“圈养”女性的困境。你付出所有时间，告别吃喝玩乐，甚至睡眠也碎片化，还是觉得有太多事情做不完。没人能真的陪我们一辈子，把所有赌注放在同一个人身上，风险太大了。结婚之前，我们会陷入一种幻觉，觉得他对待自己盛情盛意，宠溺有加，往后的岁月里也不会被亏待。当他开口说“养你”，你听出来的，是幸福，而不是风险；是爱，而不是诱导。于是，眼一黑，脑袋一蒙，就随了他去。

可惜当你进入婚姻，叫一份 100 元的外卖，出门喝一杯 20 元的奶茶，在淘宝上买几件 80 元的衣服，身边人就会如丧考妣，大喊：“这么败家？我养不起你！”爱的时候千好万好，不爱了什么都是错。很多女人直到被背叛的那天才发现，当初以十倍热情靠近她的男人，正在以十倍热情远离她。真相是：

没有任何一个男人，可以成为你生命的主人。没有任何一段关系，值得让你去做它的走狗。不要太迷信婚姻，不要太眷恋男人。我们最应该忠于自己，去做那个对自己最忠实的守护人，最死心塌地的捍卫者。千万不要等到“我养你”变成了“是我养你的”才后悔莫及。一定要未雨绸缪，为自己留好退路，这是一个女人一辈子都该有的理智和警觉。其实，亲爱的，你无须他人养。你就是自己的赡养人。去努力吧，为了未来，也为了现在。《东京女子图鉴》里说得好：“好好工作，好好做人，才是王道。”

人生既要负重前行又要举重若轻

全新时代，女性的力量全面崛起，不管是奋战在“抗疫”一线的医护人员，驰骋商场的企业家，还是视角独特的投资人，她们正成为改变世界的一支不容忽视的力量，展现自己独特的魅力。

她们敢于自我突破，从零建立一家公司，进化成长。

她们敢于打破规则，坚持追求卓越，驰骋商场。

她们敢于摆脱桎梏，理性决断敢于押注，举重若轻。这就是现在女性跟过去的不同。如果说普通人和高手的差距在哪里？在于能不能从逆境中爬起来，坚持把一件事情做好。这是能咬碎了牙，负重前行。高手和顶尖高手的差距在哪里？在于能不能从逆境中爬起来之后，还能轻松面对眼前的困难，一路前行。这是能笑对苦难，举重若轻。

“二战”期间，维克多·弗兰克尔穿着囚服，被送进奥斯维辛集中营。他和其他人排着长队，等待着命运的宣判。看守随手一指，被指到的那些人，会被分到队伍的左边，带到一个不知道叫什么名字的地方。他们去了哪里？几百米外的烟筒里就躺着那些不幸的人。他们变成了一串串火苗。

“你的朋友飘向了天空。”狱友告诉他。这是真正让人绝望和恐惧的生活。不知道什么时候，就从这个世界上消失了。在这样极端的逆境之中，怎么办？有人自暴自弃，消极地等死。有人凭借对生存的信念和希望，痛苦地坚持。但维克多呢？维克多也想活下来。但是，他选择高贵地面对苦难。每天用玻璃瓶刮干净胡子，还在集中营唱歌搞活动，选择更加积极主动的态度。这样做，有什么意义？“二战”结束后，维克多走出人间地狱，写下了那本著名的《活出生命的意义》。

人可能被剥夺得一无所有，但是人性中最后的自由，在任何困苦和不幸中选择生活态度的自由，是永远都无法被剥夺的。选择生活态度的自由，是人可以拥有的最后一项自由。在绝境中，有的人负重前行；但还有的人，能举重若轻。倾听对逆境的反应，就是先倾听内心的声音，提醒自己用更积极的视角看待问题。

第一，探究对逆境结果的担当。面对逆境，很多人会放大问题，认为都是自己的过错，觉得所有的结果都是由自己造成的。这种放大，会导致过分的自责。我们要做的，是承担自己应该担当的责任，但也不推卸责任。事情发生了，承担责任。意外发生了，承担结果。灾难降临了，承担损失。不怨天尤人，而是接受事实，才有改变和影响结果的可能。

第二，分析我们身边的证据。目前遭遇的情况，真的有那么糟糕吗？我们真的认真分析过吗？

这个质疑和分析的过程，可以概括为三个问题。我们可以问自己：有什么证据表明，当下的情况是我无法掌控的？有什么证据表明，逆境一定会影响到我生活的其他方面？有什么证据表明，逆境必然会持续很长的时间？面对逆境，我们常常自乱阵脚。但是，当我们静下心来思考这些问题，把答案写在白纸上时就会发现：原来，事情远没有我们想象的那么糟。

第三，做点什么。理性的做法，是缩小关注圈，扩大影响圈。关注圈太大，就会自我代入。而关注圈很多事情，是我们无法改变的。而影响圈，才是真正我们能做的事情。现在，就是扩大影响圈的时候改变那些可以改变的事情。因为行动，会带给我们掌控感。我们恐惧的常常是已经发生的结果，但我们焦虑的却经常是尚未发生的未来。对未来的失控，会让我们深陷逆境。

有一句话说得很好："想，全是问题；做，全是答案。"试着去做点什么，一定要去做点什么。当我们在生活中遇到逆境甚至绝境时，都可以用这四个步骤，让自己变得更加积极乐观。当你有了这种思维和习惯，就能够坦然接受事实，并试着在危机中寻找机会。至少，我们不能浪费一次危机。因为痛苦，是进化的良机。

不失控才是最大的体面

写字楼的楼梯间里永远有人在闷头抽烟，卫生间里时常有人冲进隔间委屈地哭泣。路上一个大姐冲着外卖骑手大吼：“我加班加出肠胃炎只能喝碗粥，就这点儿小愿望，你都把我的粥洒了，你说你不容易，我就容易了吗？”把目光投向办公室里，一定有人正在大力敲击键盘，有很多时候，键盘不一定是键盘，而是愤怒打工仔的大鼓。你斜前方的小王正在无意识地狂啃手指头，右边的小张趁着滴眼药水的时候流下了几滴眼泪。

但值得高兴的是，以上种种表现都是生活的背面，无论背面的我们流下了多少眼泪薅断了多少头发，都会在正面展现出和善的笑容。保持情绪稳定是一种优秀的品质。这并不代表我们要冷却自己的情感，而是要知道自己应该在问题面前尽量镇定，不慌不乱，去尝试解决问题而不是尖叫着乱窜成为问题的一部分。

情绪作为我们与生俱来的天赋，我们本身就能够清晰地感受到自己或他人的情绪波动，为何又要用尽所有力气去抛弃它们。戒掉没必要的情绪，让自己成为一个冷漠的人，抑或是把生活粉饰成一副岁月静好的模样，“戒掉”情绪，就真的是一种成熟的表现吗？真正成熟的人，从来都不回避自己的情绪，而是认真地感知和体会自己的情绪。

你有多久没有认真地感知过自己的情绪了，你是否能够正确地体会到自己此时此刻的心情。是真实的快乐，还是悲伤？抑或是你一直处于强颜欢笑的状态？

成熟的人，是懂得认真地去感知和体会自己的情绪，正如那一句“如人饮水，冷暖自知”，自己的情绪到底是什么样子的，你自己要真切地感受到。你可以清楚地感受到自己到底是为什么而开心，为什么而感到难过和悲伤，又是为什么而感到愤怒和生气？当你能够准确地找到自己情绪的根节点的时候，你才能拥有控制情绪的依凭，才懂得如何对症下药。很多人总是容易情绪失控，其实就是一种情绪反抗的表现。是情绪在向你闹脾气，它们在质问你：“为什么不认真地对待自己？”

成熟的人，第一步就是要去了解自己的情绪。别困在类似于“成年人最大的任务就是演好情绪稳定”这样的论调里出不来。这样只会把你拖得越来越疲惫。可以试着去培养情绪稳定这种品质，让它成为你真实的一部分。做一个靠谱的、能够独当一面的、情绪稳定的成年人，真的挺不错的。

成年人的底气你得有

曾看到过这样一个问答："和女朋友去夜市吃大排档，被隔壁桌的一群小混混吹口哨，我该怎么办？"

下面的答案很精彩，五花八门，什么都有。但点赞最高的答案是这样说的："你要努力赚钱，带你女朋友去高档餐厅吃饭，那里没有小混混。"有句话说得好："汤没盐不如水，人没钱不如鬼。"钱重不重要，你缺一次就知道。所以说，我们努力赚钱，不仅是为了一份长久的事业，更是为了一对操劳的父母，为了一份纯粹的感情，为了有勇气去做自己想做的事情。

有钱，不仅能在家人受伤害时给他们一个坚实有力的臂膀，更能保护自己那份脆弱的自尊，让自己过上梦想的生活。我们终其一生拼命努力，不过是想改变自己的境遇，无论贫穷富有，都能镇定自如。钱，也许无法让你马上逃离黑暗，但至少让你有面对的底气。

有一部电视剧讲的是霸道女总裁的故事。家里的车子房子都是她买的，生活里的大部分开销也由她负责，就连另一半的工作也都是她帮忙搞定的。因为她有能力也有底气，从来不担心会失去什么，所以在她发现自己老公出轨的时候，她也表现得沉着冷静，泰然自若。她找小三摊牌，请律师分割财产，要求男方净身出户。不哭不怨，一气呵成，真让人拍手叫好。

不是自己的，她不要；但原本该是她的，她也一点儿都不退让。我很欣赏这样的女生，因为她把未来的主动权都掌握在自己的手里。其实在我的生活中这样的女孩子也越来越多了。因为很多姑娘都开始意识到，值得依靠的唯有自己。她们善良、美好、热情、积极向上，永远朝着有光的地方走。只有你足够努力、足够优秀，才能有拒绝别人的权利；也能有踮起脚尖，去触摸更好世界的机会；还能够活得更加自在、从容且坦然。

就像电影《真情假爱》里讲的那样："我爱的不是钱，我喜欢的是钱所带来的那种独立自由的生活。"人们的多半烦恼都是因为没钱造成的。有些人婚后就做了家庭主妇，没有收入，也没有存款，什么都要依靠老公。但等到对方要抛弃她的时候，她又百般不愿离开。有些人总是被父母催婚，担心她一个人照顾不好自己。其实不是因为父母想要控制我们的人生，而是怕你一个人没有钱，过不好余生。如果有钱，其实也意味着我们拥有了更多选择权，你大可以随意去决定要过怎么样的生活。它就是你做一切事情的底气。

还记得那个故事吗？有一个女生去面馆要了一碗牛肉面，却因为里面少了一块牛肉而跟老板争执不休。后来她开始旁若无人地号啕大哭，周围的人都想"不就是块肉嘛，至于这样吗"，只有她自己清楚，她哭的是自己 30 岁了，还在因为一些蝇头小利而斤斤计较。有句话是这么说的："你日渐平庸，甘于平庸，将继续平庸。"所以，我希望你们都能够挺起胸脯去做人。超过 20 岁，就不应该活在梦里了，钱就是你的尊严。从现在开始，努力工作，多攒一点儿钱，不要只活在当下，多为未来考虑一点儿。也愿你想要的都可以通过努力去拥有。这段路总归有点难，成年人的崩溃总是悄无声息的。其实这是真正成熟的标志，不轻易在人前哭，但允许自己脆弱。

格局决定你的结局

当这个曾经由男性主导的世界，出现越来越多靓丽却不失力量的身影，所有人都惊呼着这是一个女性时代的开启。但对于那些真正拥有智慧和勇气的优秀女性来说，她们只是努力创造着属于自己的精彩人生。

这样的女性是有格局的。花盆决定了树的根能扎多深，格局决定了女人的生活层次有多高。所谓格局，其实就是你所追求目标的高度，你眼界的广度，你思维的深度，以及你身上所体现出的从容大度。人生的格局并非一成不变，只有你自觉、清醒地走出去了改变的第一步，才有可能迎来水到渠成的第二步。

怎么提高自己的格局呢？有很多建议，比如说看书、运动、从容、反思等。这些当然好。但如果你只是浅层的做这些事，归根到底还是在自己的认知领域打转。没用。人是无法拽着自己的头发把自己拎起来的。同理，人无法通过在原地打转突破自己的格局。

一个老农民对富贵的全部想象是皇帝用金锄头，天天吃白面大饼。不是老农民格局不够大，而是他格局最大也就这样儿了。你让他读书，他的水平就够知音故事会；你让他看新闻，他顶多看明白今天发生了啥；你让他写日记，他写今天种了5亩地。坚持个三五年，格局能大到什么地方去？除非你把他扔到丽思·卡尔顿酒店住一个月，天天吃人均1000元以上的下午茶，喝700元一瓶的矿泉水，他才能明白："有钱人的生活原来是这样的。"

一个世世代代打工赚钱的上班族，对于赚钱的全部想象是我今天努力工作，年底加薪5%；我跳槽换个title，薪水加50%；我天天早起打卡，全勤月底奖励300元。他满脑子想的是一份外卖42元，一双球鞋1300元，房贷要还50年，彩礼要掏40万元，月薪只有6200元。你让他从容不迫，让他得体淡定，让他心系天下，他多难啊？除非你把他带到生意场上，带到最前端研发中心，看别人如何利用信息差一进一出转手就赚到50万元，看做人工智能的教授如何一周上一天班一年赚200万元，或者给他一个机会通过自己的爱好、手艺、本事，一天赚到一个月的钱。他才能明白，原来钱是这么赚的。

一个小镇学子，进入二线城市三本大学，上着老师天天念PPT的课，周围人交流的不是考个什么证好就业就是游戏打到多少关、哪个商场在打折，上网关注的是35岁裁员、研究生海归毕业找不到好工作，脑子里想的是生个孩子该不该跟女方姓，我得干点儿啥才能一夜暴富……你让他忧国忧民，让他专注提升学历，让他站在更高维度思考问题，让他别站在自己的角度骂天骂地，他也想，但是真做不到。除非你给他个机会在一流学府学习三个月，让他能够进入头部企业和中高层交谈，让他参与政务工作。他才能知道原来一流学子们在讨论最前端的技术问题，原来年入百万的精英们能拿到这个钱是有超强专业能力和软实力的，原来国家、国际会作出这样的举动和决策的背后有这么多的考量和决策。他才能明白，原来学习是这么一回事儿，原来社会的问题是这样产生和解决的。原来真的是我浅薄无知。

这才叫打破认知，提升格局。看过才能看淡。事儿是做出来的，道理是通过行为悟出来的。啥都没做过，没看过，没想过，一味在旧体系里打转，不是不会变好，而是增量太少，少到可以忽略不计。

如何把提升格局落到实处？下面，我从实际行动方面为大家分析一下。

1. 要读万卷书

读书当然有用，关键问题是读什么书。有一句很流行的话：小的时候，我们吃过很多食物，现在都已经记不起来它们是什么了，但可以肯定的是，它们中的一部分已经长成为我们的骨头和肉。很多人用这句话来说明，世上没有白读的书。我的看法是，这个世界上到处都是白读的书。学生时代，你看了很多小说，除了学习成绩下降，更沉迷于做梦以外，不会有任何好处。“腹有诗书气自华”的前提是你读的是“诗书”，而不是“种马小说”。

真正能提升一个人格局的书，有以下这五类：

（1）知识类的书。学习知识的过程，也就是不断拓展认识世界的过程。

（2）技能类的书。工作以后，大家读的更多的书，都是这方面的书。学习这些，相当于直接吸收了别人的“内力”。

（3）思维类的书。除了传统的哲学和心理学图书，如一些介绍提升思维能力的图书，社会、历史、政治类图书也可以帮助大家学习一些思考方法。

（4）审美类的书。审美是人类的一种高级认识活动，很多书看起来没用，但能帮助我们提高文学素养，塑造我们的三观，如诗词歌赋、文学艺术类图书。

（5）历史类的书。历史书里最重要的东西是历史经验，也就是以往的规律，而规律则教给人如何去发现经验、总结经验、运用经验。在人类文明的这些宝贵财富面前，你读到的每一句话，都可能拥有引导你改变人生格局的力量。

有些时候我们看了一部小说，内心受到极大的震撼和洗礼，这就是文学的意义所在（劣质“言情小说”是不可能有这种效果的）。读书很重要，但真正能帮助人们提升格局的书，其实就是知识类、思想类的书。

2. 要行万里路

所谓读万卷书不如行万里路，并不是一句押韵的口号，而是有逻辑支撑的。书给人的启发始终是间接的。经验也好，思想也罢，从学习到掌握再到指导实践，往往需要一个过程。能加快这个过程的最好的途径，就是去经历。人生的很多成长都是由经历带来的。比如，有人从小就去过很多地方，所以眼界比较广；比如有人经历了人生大起大落，所以心理承受能力很强等。在大学毕业之前，我读的书除了在吹牛时有用，没什么其他用处。我有时候会怀疑，自己看这些书，看得心比天高，现实里却命比纸薄。我进入社会之后，经历了起起落落，起承转合，摸爬滚打，才发现自己读的书里蕴含了太多的道理。我用它们来分析自己遇到的问题，指导自己的行动。这些独特的经历和之前广泛的涉猎相结合，才成就了现在的我。

一个人要扩大格局，首先要清除内心对安定的追求，能够敢于走出舒适区，去见那些未曾见过的风土人情，去经历未曾经历的人生。当然这样的经历，并不是简单的“上车睡觉，下车拍照”式的旅游。行万里路，目的很重要，就是要去“见”，不要去“秀”。并不是所有经历都能带来改变。特定的经历，是最容易引起反思、感叹和思考的。所以经历只是诱因，归根结底还是思考。没有思考，经历再多，也不会改变。

3. 要阅人无数

人到了一定年龄要学会独处，因为已经千帆过尽，什么都见识过了，所以返璞归真。人在年轻的时候，就开始离群索居，什么人都不想接近，注定是没有前途的。因为人是社会动物，每个人都处在一定的社会关系中。《人类简史》一书中有个观点，即群居推动了人类文明的爆发式进化。认识不同的人，不同的信息、思想便得到了碰撞的机会。一个格局大的人一定有开放的思维，能够兼收并蓄地看待截然相反的两个结论，能思考为什么会产生分歧、分歧的本质是什么。

很多问题都是观念问题、文化传统问题或习惯问题，而不是是非对错的问题。比如，南方人一般吃甜豆腐脑，北方人喜欢吃咸豆腐脑。

你见的人越多，看问题的角度可能就越灵活，而不是被限定在一个视角里跳不出来，还坚定不移地认为自己的想法就是对的。阅人无数，还隐含一个问题，那就是到底什么样的人，才值得交往。和读万卷书一样，如果一个人遇到的、交往的都是损友、渣男渣女，不仅没有任何益处，反而可能给自己带来伤害。

交友之策分为四种：上策交志同道合者。这样的人可以相互鼓励、相互支持、相互理解，共同进步；中策交志同道不合者。虽然你在职场打拼，他在学校苦读，但大家的追求和价值观是一致的。这样的朋友哪怕多年未见，见面也会非常亲切；下策交道同志不合者。也就是你的同学、你的同事、你的邻居等，他们不用特别努力就会定期出现在你的身边，所以虽然很多方面不一致，但你们还是会因为各种各样的原因一起走一段路。在这期间，不如淡淡相交，各取所需。分道扬镳后，也不要觉得可惜或者难过。就像毕业之后，同学间的感情会变淡一样；不交那些道不同志不合的人。你不安于现状，希望改变，特别希望有人能给你鼓励，但也有很多人得过且过，耽于安逸，希望这辈子就这样简简单单、平平淡淡。当他们看到你想要去大城市工作或者跳槽时，就立马泼冷水，告诉你如何如何才好。这样的人，点头之交即可，哪怕机缘巧合你们成了同桌、上下铺、上下级，都万万不要深交。

上策交的人，可以交流思想，一路同行，一起去打开世界。中策交的人，可以一起谈心，交流看法，偶尔联系一下会让关系更亲密。

下策交的人，可以交流学习、工作中具体的经验和方法。在这个阶段，让他们成为你的合作伙伴。

4. 高人指路

所谓高人指路，不过就是遇到贵人的更文艺一些的说法。在你还很弱小的时候，遇到的那些“厉害的人”会对你的人生产生根本性的影响。所以为什么读书时遇到的一个好老师、学技能时遇到的一个好教练、初入职场时遇到的一个好领导，都会让一个人受益终身。因为对那时候的你而言，老师、教练、领导就是你在那个阶段遇到的“高人”。

就像古龙的小说里，叶开的师父李寻欢，除了教会叶开绝世无双的飞刀功夫，还传递给他善良、阳光、博爱的价值观和精神力量。在金庸的小说《笑傲江湖》里，刚出场时林平之特别像传统武侠小说里的男主角——名门之后，父母双亡，侥幸逃出生天，得遇高人搭救……只不过他遇到的高人是处心积虑的伪君子岳不群，这才有了林平之后面悲剧的一生。

从书里来看，林平之不幸的根源大部分是因为他没有遇到对的人，如果和令狐冲对调，让他遇到风清扬，可能《笑傲江湖》的结局就要改写了。事实上，很多事情也不能完全这么理解。得遇高人需要机缘巧合，并且高人是否愿意为你“指路”，这就不是完全看运气了。这里面最重要的，大概就是你的潜力、人品和毅力了。说白了，你要有本事让那些比你厉害的人心甘情愿地为你搭桥铺路，给你机会成长。要么让他们看到你能成就事业的潜力，要么让他们欣赏你的人品，又或者你凭借锲而不舍的毅力打动他们。在没有遇到高人之前，最重要的就是要按照上面的三点去做好自己。

海底捞的首席运营官杨丽娟，当年为了帮家里还债，十几岁就辍学在一家餐馆做服务员。张勇创办海底捞初期，经常到杨丽娟打工的餐馆吃饭，注意到了这个聪明伶俐的服务员，之后毫不犹豫地把她挖到了自己的店里继续做服务员。杨丽娟从最普通的岗位开始做起，一年时间干遍海底捞所有的工作岗位，凭借勤奋、踏实和努力，20 年后成为海底捞首席运营官，在海底捞上市后身家一跃达到 30 亿元。这里面有她选对了企业、跟对了人的原因，但最根本、最初始的原因，还是她先做成了那个聪明伶俐、拼命苦干实干的自己，哪怕当初自己只是个服务员而已。

你想要得到贵人相助，至少也要先变成那个值得贵人看一眼的人。所谓得道者多助，当你的道德品质让人打心眼儿里欣赏和佩服的时候，愿意帮你的人自然就多了。

计较小事难成大事

有这样一则故事，有个人意外得到了一颗硕大饱满的珍珠，他激动得三天三夜睡不着。到了第四天，他开始变得非常不开心，因为他发现这颗珍珠上有一个小斑点。之后几日，他把注意力都放在了这个斑点上，为了把这个斑点除去，他开始打磨这颗珍珠。把有斑点的区域打磨了一层后，发现斑点还在，他又继续打磨。就这样，珍珠被一层又一层地打磨，最终，斑点终于磨掉了，珍珠也被弄毁了。格局小的人，总喜欢与眼前的小斑点计较，将有限的精力用在那些小事上，最后败了大局，损失惨重。喜欢打牌的人会发现，有些人手上明明有双王、炸弹这样的大牌，结果还是输了。最常见的原因是，他们总在想着多出来的单牌要怎么打出去、如何能把小牌先解决掉，在纠结之中错过了打压对方的最佳时机，即使有大牌，也很难力挽狂澜了。

因此，太计较小事的人，往往做不成大事。你在乎的、计较的，往往能反映出你的水平。心理学中有这样一个理论："不管你对别人做了什么，那个真正接收的人，并不是别人，而是你自己；同理，当你给予他人，当你为别人付出，那个真正获利的也不是别人，而是你自己。"

简单来说，就是凡是你自己想要得到了，就必须先让别人得到。施人与善，广种福田。只有这样，你所给予的，才会回到你的身上。

有这样一个故事：一个小男孩和一个小女孩在一起开心地做游戏。男孩收集了很多的石头，女孩拥有很多糖果，男孩很想吃糖果，就想用所有的石头去换女孩所有的糖果，小女孩同意了。男孩背着女孩，将最大的和最好看的石头偷偷地藏了起来，把剩下的给了女孩。女孩就像当初答应的一样，将所有的糖果毫无保留地给了男孩，然后开心地回家去了。那天晚上，小女孩睡得特别香，而小男孩翻来覆去彻夜难眠，他一直在想：小女孩是不是也跟他一样，将最好吃的糖果藏了起来。

很多时候，我们都是那个小男孩，我们总以为别人会跟我们一样，交换付出的时候有所保留。成年人的世界都是靠“利益”来维持的。我们衡量一件事的价值，考虑最多的不是自己喜不喜欢，而是划不划算，甚至是所得的“利益”值不值得我们的付出。时时想着怎样才能不吃亏，所以我们会为一分一角钱计较，为偶尔的小挫折计较，为一句无心的话计较，为自己的付出究竟能获得多少回报而计较……

在这不停地计较得失中，我们忘了自己的初衷，忘了真正重要的事情。而当我们的心胸全部被这些根本不值得计较的小事而充斥时，我们的格局也就会越来越小。所以，那些格局大的人，从不会在小事上斤斤计较；只有那些格局小的人，才会对蝇头小利锱铢必较，毫不松手。

人生其实很短暂，人的精力也是有限的。因此，太过计较小事，只会耗光你的时间和心思。真正做大事的人，其实他们也没有认真去界定什么是不该计较的小事，只是他们一直将兴趣放在对大格局的追求与实践上，因此根本顾不上那些。即使不可避免地碰上了，也会用最简单、最迅速的方式解决。因此，要成为一个格局大的人，就要少计较小事、多思量大局。

学习，

才是你终生的事业

第六章

持续

给你的谈判“加加码”

美好的情绪是可以传染的，一张精致、整饬的脸，显然会让人精神更放松、心情更愉悦，而外部环境的柔和、善意，当然会传导、反映到本体上。就像你常常认为的那样，颜值好、乖巧的人会获得更多的机会一样。

颜值就是一张不需要随时拿出来，但却随时提醒别人注意的名片。看到了，记住了，有时候还印象深刻，这在注意力经济的时代，无疑是一种高效的传播方式。

有人说，长得好看世界都对你友善了，其实说的是一个道理。除了好的外形之外，我们还可以通过其他方面的改善和提升，增加自己谈判的砝码。

无论是生活中，还是在职场中，我们无时无刻不在与人打交道，而打交道就意味着合作、协商、谈判，你会发现，讨价还价无处不在。虽然告诉自己“退一步海阔天空”，但现实生活中，你会发现，退一步不仅不会海阔天空，反而会让情况更加逼仄。因为退一步往往意味着，吃亏的那个人是你，有苦说不出的是你，花冤枉钱还买气受的那个也是你。很多时候，失败的谈判源于双方都太过在意己方的诉求和目标，而忽视了对方的需求。大多数人，在谈判过程中，往往忽略了最重要的一点——对方是一个独立的个体，但我们常常把对方当作某个机构、某种立场和某个观点的代言人。研究表明，在促使谈判双方达成协议的关键要素中，专业知识所起的作用不足 10%，人在其中所起的作用超过 50%——双方是否互有好感、是否互相信任、是否愿意倾听彼此的要求。因此，尽可能多地关注对方、倾听对方，对方愿意向你提供帮助的可能性也就越大。“事实上，你对一个人了解得越多，就越能明白他的想法，也越能看清他脑海中的画面，你在谈判中的表现也越出色。”

留意信号

很多时候，别人会给我们说服他们的方法，但前提是你需要充分注意对方的言行和捕捉细微的信号。举个例子，如果你要求降低房租却被房东拒绝了，房东说“两年前可以，今天可不行”，这时候你会不会就准备放弃了呢？但实际上，如果仔细聆听房东的话语，就能捕捉到一个信号——“今天可不行”，那你便可以再换个角度询问：“好吧，如果今天不行，那明天呢？”如果你跟 HR 申请工作签证，对方却说：“我无能为力”，你会不会灰溜溜地离开了？同样，HR 虽然拒绝了你，但是他也留下了重要的信号“我无能为力”，那是不是意味着其他人有办法？这时候，你可以问 HR：好吧，那谁能做主呢？

建立联系

建立联系，通常意味着，你和对方建立某种私人关系，这会让你与他人不再相同。甚至，有的时候，你不需要和对方成为朋友，仅仅是出于好奇心多和对方聊几句，结果就能大不一样。

指出对方的不当行为

利用对方的准则，也包括直接指出对方的不当行为，让对方明白自己的做法是不符合准则和规定的。

循序渐进

在利用准则的时候，如果一开始直接提出自己的要求，对方可能会因为目标太大而拒绝接受。

所以不妨把目标拆分为一个个小问题，牵着对方一步步走到终点。

重新描述

当对方的准则不符合我们的诉求的时候，我们需要做的是，对利益诉求或准则进行重新描述和定义。其实很多问题的本质，是人的问题。搞定了人，有的时候往往意味着，搞定了一切。当你被对方拒绝的时候，你要知道，这并不是结束，仅仅是一个开始。将关注重点放在对方身上，留意对方的信号，尝试了解对方的准则和看重的无形之物，也许会有截然不同的结果。

发现你的核心优势

作为深受理性主义影响的现代人，我们过去总会认为“以貌取人”是偏颇的、不足取的、非理性的。然而现如今，这种观点正变得越来越站不住脚。所谓颜值，指的是一个人的长相、体形、性征、皮肤、音质等身体禀赋的组合所带来的吸引力，这种吸引力是有真实价值的，这些价值伴随整个人类发展史，符合人类本质的利益点。

所以说，长得好看也是一种优势，还是极大的优势。

除此之外，你觉得你的优势还有什么？大多数人的反应是：“啊，我没有优势啊，我好像什么都会一点儿，却没有特别突出的。”又或者：“我会的别人都会啊？那算什么优势呢？”有一次，一个朋友被我逼急了，脱口而出：“我的优势……是我说话很快。”说完自己也笑了。这不是个例。在我过往的经历中，有 80% 的人听到这个问题的时候，都会觉得自己没有优势。美国管理大师德鲁克说：大部分美国人不知道他们的优势何在。如果你问他们，他们就会呆呆地看着你，或者大谈自己的具体知识。这是对优势的最大误解。优势不是我们常说的某种特长或技能：会写，会弹钢琴，会演讲，会拍照……这些是后天习得的技能。优势是底层的东西，是我们天生的对这个世界的感受和行为方式。就比如说，会议室的桌子上，有个杯子放得特别靠近桌沿，有的人就这么走过去了，有人却会冲过去把杯子往里推一下。这个行为方式不需要你练习，而是下意识的，它更像是写在你基因里的“技能”，不用你做任何练习，就能比别人厉害。所以，至少有一件事，你天生就比 10000 个人厉害。换句话说，不是只有厉害的人才有优势，人人都有自己的“优势”。

你到底是兔子还是鸭子？

一个很简单的方法可以让你知道你到底是谁。比如，当你看到别人在做某件事时，你心里是否会有一种痒痒的召唤感——“我也想做这件事”；当你完成一件事时你是否会有一种满足感或欣慰感；你在做某类事情时非常快，无师自通，这是一个重要信号；当你做某类事情时，你不是一步一步去做，而是行云流水般地一气呵成，这也是一个信号。很多人会发现自己在做许多事情时需要学习，需要不断地去修正和演练。而在做另外一些事情时，却几乎是自发的，不用想就本能地去完成这些事情。这就是你的优势。

我们每个人都具有天生的性格优势，找到并发挥，是我们获得成功和快乐的捷径。如果你眼里只有数不清的缺陷，那么你就会一直被困在这个糟糕的躯体里。一个人能走多远，并不是你纠正了多少缺点，而是你是否最大限度地发挥了自己的优势。与其拿短板去碰别人的长处，不如抓住优势来弯道超车，发掘出自己与众不同的优势，唤醒沉睡的潜能。

华为 CEO 任正非接受中央电视台采访时说：“完美的人，就是没用的人，一看这个人总是追求完美，就知道他没有希望。”他还说：“我这一生就是短的，我只做长我这块板，我再拼别人一块长板，拼起来就是一个高桶了。”有时人的优势与劣势是互补的。

《圣经》曾记载大卫和巨人斗争，本来大卫因为年纪小，处于劣势。但是恰恰劣势也是他的优势，因为他可以更灵活。后来大卫凭借灵活的优势，没有选择正面和对方搏斗，而是用一颗石头击中巨人的头，巨人倒下了。巨人庞大的身材此时反而成了劣势。

所以在人生的战场上，谁也没有资格如此定论：一个人竭尽全力去做一件事情的时候，如果他还没有成功，我们就认为他永远不可能在任何事情上获得成功。一个人长于此，未必长于彼，能写的人不一定健谈；善于思考的人不一定有好的记忆力；学者富于抽象思维能力，却缺乏具体的操作能力；伟大人物能率领千军万马，做出惊天动地的大事业，却可能对家庭琐事一筹莫展。

一个人要想从事一番事业，首先要全面审视自己的长处与短处，这是一个最起码的要求。比如说，你可能解不出那样多的数学难题，但你在处理事务方面却有着特殊的本领，能知人善任、排难解纷，有高超的组织能力；你在物理和化学方面也许差一些，但写小说、诗歌却是能手；也许你分辨音律的能力不行，但有一双极其灵巧的手；也许你连张桌子也画不像，但是有一副动人的歌喉；也许你不善于下棋，但是有过人的臂力。

在认识到自己长处的这个前提下，如果你能扬长避短，认真地做下去，久而久之，自然会结出丰硕的果实。优势是我们每个人身上都有的，学会欣赏自己，我们就能慢慢看到自己的价值与特长；其次，多尝试多去经历，你的优势必将展现得淋漓尽致，任何优势都是需要场景去实现的，只有勇于实践，你才会找到优势所在。

找准你的位置

你的位置在哪

美国生物学家对与人类同为灵长类动物的狒狒进行了研究，其结果令人感慨。据说狒狒家族的地位等级森严，生物学家试图从狒狒的就餐次序上得到求证。他们将一只狒狒首领与一只最小的狒狒分别关进笼子里，等其他狒狒用完餐后才将他们放出来进餐。每次狒狒首领在笼子里看到其他狒狒进餐时，它便烦躁地在笼子里又跳又咬又抓，直到将自己弄得浑身伤痕筋疲力尽为止。放出来后，它会将食物打翻在地，甚至拒绝进食。而那只最小的狒狒则在笼中表现得悠然自得，最后放出来的时候，尽管狒狒首领已经将食物打翻，它也不介意，照样吃得津津有味。

生物学家得出的结论是：因为狒狒首领平时总是第一个进餐，所以它在笼子里看到别的狒狒先进餐，便会发怒。而那只最小的狒狒，因为平时就是最后一个进餐，当别的狒狒先进餐时，它习惯等着，所以它最后进餐时就很平静。

在职场上，不管你原来的职位有多高，进入一家新公司，你在同事眼里就是那只最小的狒狒。如果无法将自己的位置摆正，就会掉进自己设置的心理陷阱，终将自己弄得伤痕累累、筋疲力尽，而别人却浑然不觉，莫名其妙。这就是，在任何时候，都要摆正自己位置的重要性。每个人，在有了知识和技能储备以后，下一步就是找到自己的“位置”，找对了位置就是天才，找不对地方就如同垃圾。

聂卫平下棋很厉害，但比长跑可能不如刘翔。刘翔跑得很快，下棋水平可能比聂卫平差远了。姚明打篮球是好手，但比赛写稿子，很可能跟记者差一大截。但他们3个人，都是世界冠军，是因为他们找到了自己的位置，然后在这个位置上付出了自己的不懈努力。有时候需要狠狠摔一跤，你才能找到你的位置。

有一只四处漂泊的老鼠在佛塔顶上安了家。佛塔里的生活实在是幸福极了，它既可以在各层之间随意穿越，又可以享受到丰富的供品。它甚至还享有别人所无法想象的特权：那些不为人知的秘密，它可以随意咀嚼；人们不敢正视的佛像，它可以自由浏览，兴起之时，甚至还可以在佛像头上留些排泄物。每当善男信女们烧香叩头的时候，老鼠看着那令人陶醉的烟气慢慢升起，心中暗笑：“可笑的人类，膝盖竟然这样柔软，说跪就跪下了！”

有一天，一只饿极了的野猫闯了进来，它一掌就将老鼠按住。“你不能吃我！你应该向我跪拜！我代表着佛！”这位高贵的俘虏抗议道。“人们向你跪拜，只是因为你所占的位置，不是因为你！”野猫讥讽道，然后，它开始享受这顿美餐。每个人都是不同的，他所处的位置，决定了他的见识。不要埋怨别人无知，不要指望别人和你站在同样的高度。与其把自己的意见强加于人，不如用一种亲近、平和的心，去看看他的世界。也许，你会有意想不到的收获。

不高估自己

萧伯纳说过一句话：“人类老是高估了自己所没有的东西之价值。”人就是这样，总觉得自己无所不能，总认为自己非常重要，总认为别人离不开我……

殊不知，鱼离开水会死，水离开鱼则清。做人最大的愚蠢，就是太过高估自己。一个朋友讲过这样一个故事。前段时间，全国掀起了一波摆地摊热潮。人人摩拳擦掌，准备大干一场。A 也是其中一员。他本是当地一家事业单位的职员，由于工作简单，所以他总是很清闲。于是他把这种清闲,归功于是自己能力强大,所以工作时才能游刃有余。凭借着这份“自信”，他信心满满地开始了“摆夜摊”之路，想着靠自己的实力，一定会赚得盆满钵满。哪知，才过了 3 天，他就放弃了。

“我原以为摆地摊是件很容易的事，不就买点东西，摆个摊，低进高卖嘛，结果真到做的时候才发现，我完全高估了自己的能力。人家那些摆摊的特会察言观色，哪个顾客有比较强的购买欲望，哪些人虽然有些犹豫但努努力还是能拿下的，他们看得可准了。我就不行，根本分不清自己的目标和潜在客户。”做人，永远不能高估自己。股神巴菲特就说过：“只有在潮水退去时，才会知道谁一直在裸泳。”

一个人到底有多大本事、有多少才能，总有一天会真相大白。如果把自己看得太重，只会伤得最痛；把自己捧得太高，往往摔得越惨。

只有看清自己的真实水平，摆正自己的正确位置，才能走得更稳。毕竟，当你能够平视自己时，你才能看到最真实的自己和世界。

不看轻自己

不知道你有没有过这样的经历：明明会做这道题，却因为害怕被说成爱出风头而选择默默低头；公司年底竞选优秀员工，你每次都是推荐别人，从来不敢推荐自己；有人夸你会搭配、有品位，你立刻摇头否认，说只是随便穿穿……

不知不觉间就让自卑困住了自己的人生。总觉得自己不行，所以时时否定自己；总认为自己实力不够，所以事事不敢尝试。富兰克林说过一句话："一个人失败的最大原因，是对自己的能力缺乏充分的信心，甚至以为自己必将失败无疑。"唯一的办法，就是努力摆脱自卑的情绪，做一个相信自己的人。

正如三毛当初劝慰自己粉丝时的一段经历。三毛有一个女粉丝，从小就对自己的容貌不甚满意。于是越来越自卑，越来越不快乐。后来，三毛在给她的回信中这样安慰她："如果我是你，第一步要做的事是加重对自我的期许与看重，将信中那一串又一串自卑的字句从生命中一把扫除，再也不轻看自己。因为我自己的生活一点一点地丰富起来，自得其乐都来不及，还想那么多。"

深以为然。人生在世，每个人都是独一无二的，何必为了他人的意见而贬低自己的存在。只有自己看得起自己，才能在人生的舞台上获得他人的掌声。否则连登台都不敢，何谈盛装表演。电视剧《三流之路》中就说：“他小看我，不代表我真的会变得渺小，只要我自己不小看自己就行了。”

做人，不看轻自己，是对人生最大的尊重。

看清自己最重要

郭德纲曾经在节目中讲过这样一件事。岳云鹏刚刚走红那阵子，找他拍戏的剧组络绎不绝。随着名气越来越大，岳云鹏的内心也越来越膨胀，变得有些浮躁。这时，郭德纲找到岳云鹏，狠狠地泼了他一头冷水：“为什么找你拍戏，是因为你会演戏吗？你可以会，你也可以不会。但是你要记住，你是说相声的，人家找你并不是因为你演戏演得多么好，而是因为你在德云社说相声，你还有点儿腕儿，用你是为了给他们的戏添彩。中戏、北电那么多专业学影视表演的演员，都没有活儿接，凭什么找你？是因为你出色的演技吗？不！你当初在炸酱面馆卖面的时候，他们怎么不找你拍戏呢？你真的以为自己是岳老师、岳大爷？”

这一顿教训，让岳云鹏瞬间清醒了，从此把重心放在了相声上，一心学艺。正是有了扎扎实实的功底，才有了后来的星途坦然。由此可见，认清自己的实力，而后努力，才容易成功。所以，别把运气当才华，别把平台当本事。对自己始终保持清醒的认知，才是有所成就的前提。人生最好的状态，就是认清自己、守好内心。正如古人云：“有才而性缓，定属大才；有智而气和，斯为大智。”人这一辈子，唯有摆正自己的位置，心怀谦卑，才能行稳致远。

掌控情绪，才能掌控企业

拿破仑曾言：能控制好自己情绪的人，比能拿下一座城池的将军更伟大。人一旦被情绪左右，就会变得失去心智。我们往往被情绪所操控，殊不知，你的情绪里隐藏着你的人生，预示着你的未来。情绪是一把双刃剑，向上的情绪助你走向人生高峰，低落的情绪将你拉向人生低谷。

每个人与生俱来就有情绪，喜、怒、哀、乐是人生常态。只是有些人，遇到一点小挫折，就情绪激动、行为异常。而有些人，遇事波澜不惊、沉稳自若，再大的阻碍也能轻松跨越。

好的企业管理者，管的不是人，而是情绪。你有没有遇到过这种状况，同样一个人在之前的团队里表现很差，但是换了一个公司或者部门，他的表现却与之前大相径庭。有一种解释，就是这个人的能力突然提升了。但这种解释好像又说不过去，所以多数人会认为他终于找到了适合自己的工作。然而，如果说这个人当下的工作内容和之前压根儿没有差别呢？如果真的是这样，那么问题多半可以归咎于“情绪”。

怎么理解呢？相信你一定知道马斯洛的需求层次理论，即人的需求有五种：生理、安全、交往、尊重和自我实现，且这五种需求是由低向高递进的。

通俗点讲，人活于世一定是有所求的，尤其是工作这件事。即便一个人不求权名利，但我们仍然能看到他对工作的其他需求，比如消耗能量、社会交往等。许多家底殷实的富二代，或者养尊处优的独生子女，他们出来工作并不是为了钱，也不想和人争个谁高谁低，但他们仍然会因为工作中的一些事情触发自己的情绪，比如人际关系的舒适度。按照马斯洛需求理论来说，每一个人都是有无限潜能的，只要你能满足他的需求。相反，人的需求不但会进化，也有可能退化。

比如一对情侣，结婚之前女生对男生说，我不求你有钱也不图你有权，我就想让你好好待我，一辈子能够陪着我。后来，两个人结婚了，按道理说从此应该过上了平淡知足的幸福生活。可是呢，日子久了，女人发现和这个男人相处了七八年生活还是老样子，与周围同龄人比起来，除了顾家简直一无是处。于是，女人开始心生埋怨，逼着男人努力工作、玩命赚钱。正所谓“贫贱夫妻百事哀”，女人后悔极了当初的选择。

上述的这个例子也许有些极端，但在现实生活中却屡见不鲜。中国人常说“知足常乐”“幸福乃是人生的最高追求”。按道理说，故事中的女人其实早早就想透了这件事，可为什么回过头来又关注起了“最低层次”的生存需求呢？道理很简单，因为在中国的文化背景下，人的最低需求其实是“归属需求”，而这种需求往往会产生极大的影响力。有句话说得好，“人比人得死，货比货得扔”，而人却偏偏喜欢比较。人最脆弱的地方，就是无法允许自己独立生存。一个人如果发现自己不能归属于某一个类别里,他就会觉得自己的生存毫无价值。所以你会发现，为什么很多人的立场会变来变去？因为他的情绪产生了变化。

而情绪又是什么造成的呢？是因为期望和现实产生了落差。当期望高于现实的时候，一个人就会产生负面情绪，工作便会消极怠工；当期望低于现实的时候，一个人就会被激励，工作就会更加努力。因此，一个优秀的管理者，应该会时刻调整下属的情绪，并不断通过各种激励手段引导他人的不同需求。正所谓“人虽无贵贱之分，但却有三六九等之别”。这里的“三六九等”指的并非能力，而是不同人背后深层次的需求。

比如，有些领导抱怨：“我给员工发的工资高出市场水平那么多，怎么还是有人不停地离职？”事实上,工资确实是非常重要的管理手段，但它却不是能满足所有人的方法。著名的行为科学家赫兹·伯格曾提出一个“双因素激励理论”，他把让一个人会好好工作的手段分为两个方面：一是激励因素，二是保健因素。在他看来，所谓工资、岗位、培训、福利等，都属于“保健因素”，即这些因素不会产生太大的激励作用，但如果这些条件不存在的时候，却只会引发更多的不满。

这就好比夫妻二人过日子，一方千万不能对另一方说自己付出了多少,因为这是婚姻当中所必备的条件,对方并不会因为你付出得更多，就天天感激涕零谢天谢地。相反，如果你真的想通过激励来调动一个人的情绪，从而让他反过来满足你的需求，最好的方法就是找到对方满足感的来源。

比如，之前有个朋友遇到一件棘手的事向我抱怨，说自己公司负责技术的副总裁向他提离职，这件事让他很烦恼。于是我问他，这个人离职的原因是什么呢？他说，因为对方感觉在公司已经没有继续提升的空间了。虽然我的这位朋友许诺给对方更高的工资以及分红，可最后仍然没有留下这个技术人才。上述情况也许很多人并不陌生。

毕竟，一个人的成就很大程度上取决于他的需求强度，当其提升的空间已经很小甚至没有时，他的个人需求强度势必会减弱。所以，我们也就可以理解，为什么如今许多国内的互联网公司在效仿 Google 这样的企业，不断从原有的平台中拆分出更多的业务，其实是为了给人才提供更多独立成长的空间。管理企业难，主要难在其中掺杂了太多变量关系，表面上可以靠逻辑解决的问题，背后往往蕴藏着许多看不见的情绪。如果世间的难题都能用逻辑解决，那人人都能成为管理的高手。

怎么做到掌控情绪呢

1. 识别你心中的“情感触发器”

有时候，我们经常为一件很小或者很普通的事而大动肝火。这看起来很奇怪，但并非如此。一般来说，过度的情绪反应和特定的经历有关，由于当时没有及时化解这种情绪，积累下来后很容易形成心结，以至于在以后的生活中遇到类似的事情时，我们的心结被触发，导致情绪的失控。这就是情绪触发器。

如果我们会因为对方无意间的一句话、一个表情或者一个行为就暴跳如雷、怒不可遏，这很可能是因为对方触发了我们内心的某种情结，勾起了我们童年或者成长过程中的痛苦经历与情绪。这时，要及时提醒自己：不要轻易将自己的负面情绪归咎于他人，对方的言行可能只是一个导火索，真正让你“爆炸”的，是自己内心储存已久的炸药而已。同时，试着对这些久未放下的情结多一些反思和疏解。只有这些情绪被提前释放和化解了，引爆自己情绪的炸药才会真正熄灭。

2. 人的选择需要预测

有时候我们之所以在一件事上冲动发昏，做出事后让自己后悔不已的决定，很重要的一个原因就是自己对这件事的后果从未认真考虑过。比如开车，老司机和新手司机相比较的话，前者未必会比后者开车的速度更快，但前者一定比后者更稳健，即使面对有人变道加塞儿等讨厌的行为，也会更沉稳一些。原因就是，老司机们知道鲁莽驾驶的危害，对一念之间的冲动会造成什么样的严重后果有清醒的认识和认知。所以，当你能明确地预测在什么情况下的什么行为会带来什么样的后果时，这种对结果的敬畏，可以帮助你更好地控制自己的不良情绪，并有助于作出更理智的决策或行为。

3. 为自己制订备忘录

苏格拉底说：“未经审视的人生，不值得一过。”这就是说，如果我们能够多对自己的言行进行反省和审视的话，内心才会获得成长，人生才会更精彩。怎样去审视呢？有一个办法是，及时总结自己经历过的经验教训，制订自己的备忘录。比如你可以根据自己的情况做如下备忘录：当你生气、愤怒、害怕或受伤时，不要轻易作决定，试着放松心情，让自己平静下来，直至恢复理智；冲动时，问自己两个问题：

“这种情绪，主要是对方的问题，还是我的问题？”“我这样做后，是有助于问题的解决，还是让问题变得更糟？”这个备忘录不是固定的，可以根据你自己的体验和感悟不断调整，不断丰富。一路积累下来，你会发现，不仅自己处理情绪问题更加沉着，内心也会变得更加成熟。总之，负面情绪固然让我们痛苦，并且长久地影响我们，但它并非不可掌控。

如果我们能够通过情绪这个窗口，深入地探索自己的内心，不断地和自己心里的阴影和解，那么，负面情绪就可以转化成我们成长和成熟的能量。一切都取决于我们怎样认识它，以及怎样应对它。

专业，才是最好的领导力

说起“领导”，我们都不陌生，但要提到“领导力”，有些人可能就不太熟悉。领导力不等同于领导。领导是一个职位或头衔，但领导力是一种能力。实际上，每个渴望成长的人都应该拥有领导力。因为拥有了领导力，就拥有了影响力。在影响力的作用下，你的职业生涯会跨越一大步，还能让你拥有聚集伙伴的魅力。

如果你不是医生，能管理好一家医院吗？如果你没当过程序员，能领导一家技术公司吗？在社会和教育领域一直有一个广泛流传的说法，即成为领导需要具备的能力或多或少是可以转移的。如果你可以在一个领域里激励鼓舞他人，那你应该也能把这些技巧应用在另一个领域。但最近的研究在挑战这一观点。研究指出，最优秀的领导者非常了解他们所领导的领域，而专业能力也是他们在管理岗位上成功的一部分原因。例如，由医生管理的医院要比那些由其他背景的人管理的医院表现更好。另外也有很多例子表明，能有效管理一个公司的人们，却很难把他们的管理技巧转移到新的公司里。许多开设领导力教育的学校，在关于领导者需要具备的核心素养上达成了广泛共识。这些素养包括自我激励和激励他人的能力，有效的口头、书面沟通能力，批判性思维，解决问题的能力，以及团队合作和授权能力。

表面上这看起来是份不错的能力列表。优秀的领导者确实具有这些能力，并且如果你想培养出未来的领导者，确保他们有这些能力也很明智。这些人需要吸收大量的信息并从中挑出最重要的、直指问题关键的部分。他们需要组织团队解决这些问题，并且告诉团队为什么他们需要有一个共同愿景，还需要与团队建立信任，并用这份信任让团队完成仅凭个人完不成的事。

但单单是这些能力并不足以让你成为领导者，因为要想在实践中真正掌握这个列表上的种种能力，你还需要在特定领域有非常强的专业能力。

以其中的一个技能，“进行批判性思考从而找出问题的关键”，举例来说，想要做到这一点，你必须具备专门的技术专长。医生诊断病人需要的关键信息和理解政治僵局所需要的不同，而这两者又和进行一个商业谈判所需的在很多重要方面都不一样。甚至有效的沟通在不同领域也有区别。医生和患者的沟通区别于政客对自然灾害作出的反应，或者 CEO 对劳动争议的回应。当你开始研究领导者所具备的任意一个核心技能时，就会发现这些技能和特定领域的专业知识密不可分。而且专业领域要求的也可能相当具体。商业甚至都不是一个单一的领域。在建筑、半导体制造、咨询和零售领域的领导力都需要很多专业知识的支持。对于这个问题，领导者的一个常见的解决方案是说，他们会让自己周围的优秀人才具备必要的专业知识，使他们能作出明智的决定。

但问题在于，如果没有真正掌握专业的知识，这些领导者如何知道他们是否找到合适的人来向他们提供信息？如果管理人员无法亲自评估得到的信息，那么他们将无法实施有效的领导。

1. 专业是撬动人脉的杠杆

如今都说人脉重要，但如何拓展人脉，却很少有人去讲。拓展人脉最好的方法就是用你的专业能力。反过来，当你具备了大多数人都不具备的专业能力时，就能让你畅通无阻。这才是职场社交的“硬通货”。专业到位了，人脉自然会来。在大多数人都在泛泛而谈人脉有多重要的时候，只有少数人在埋头打磨自己的专业能力。然后在大多数人依然泛泛而谈的时候，这些少数人凭借专业能力吸引了一大波人脉过来。

2. 专业是最好的个人品牌

最牢固的个人品牌来自“专业”，而真正的“专业”来自长期的实践。这种方法最不投机取巧，最难快速蹿红。但这种方法最扎实，最有底气，最经得起时间考验。大多数人还停留在如何结识更多人，如何进入更多圈子，如何交换更多名片上，却忽略了“提升专业度”这个近在眼前的方法。然而越是少，机会就越是多。别人不专业，你就可以在这方面打败他们。在任何一个时代，逆袭都不是容易的事情，但总有人能突围出来。差别，或许就在这里。

管理好自己，老板的魅力胜过权力

作为老板，最重要的是管理自己，而不是领导别人。“只许州官放火，不许百姓点灯”这一套在现代企业里已经行不通了，管理者必须首先把自己管好，让自己变得优秀，才有可能把人管到位，把事情做好。

每个管理者，都应该从5个方面实施卓有成效的自我管理。

1. 控制自己

对自己的前途感到灰心失望、信仰破灭，对别人产生嫉妒甚至仇恨的不良情绪，其副作用是巨大的。在管理者的成长道路上，最大的危险不是来自对手，而是来自不良的情绪。身为管理者，你会不会因为下属的工作出现失误而大发雷霆？你有没有因为与家人发生不愉快，而把一张阴云密布的“老K脸”带到了工作岗位上？如果有，你有没有想过这是为什么呢？

其中很重要的原因，就是你对自己的一言一行缺乏应有的控制，经常失去管理者应该具有的冷静和理性，任凭自己被情绪驱使。管理者一定要学会控制自己的情绪，稳重大方，慎重于一言一行，遇到多大的事情也不要大惊失色，因睚眦小事而引起的心理细微变化更不能显露在外。

2. 反省自己

“人非圣贤，孰能无过？”人都会有犯错误、迷失方向或者对形势判断错误的时候。“只有国王不会犯错”，这是英国人的幽默，实际上他们的国王不仅犯了错，而且还是极其愚蠢的错误，否则，查理一世就不会被送上断头台了。

既然一个人免不了会犯错，那么这个时候，能否自我反省、是否善于自我反省就显得尤为重要了。作为新主管，在工作中肯定会有很多不尽如人意的地方，如果能够做到经常反省自己，发现自己的不足，精益求精，你肯定会迅速成长起来，为以后的发展打下良好的基础。成功在某种程度上说，就是一些良好的习惯形成的结果，而反省自己是新主管首先应该具备的好习惯：不断总结经验教训，好的方面精益求精，不妥当的地方力求改进。

反省不仅是一种自我检查的活动，更是一种学习能力，是你认识错误、改正错误的前提。反省的过程，就是自我学习和完善的过程。没有良好的反省能力，不具备自我反省的意识，你就很难认识并改正自己所犯的错误，从而影响自己的职业发展。

美国通用公司 CEO 韦尔奇虽然工作很忙，但是每个星期六晚上，他总要抽出一晚上的时间，把自己关在书房里，安安静静地检查反思自己：自己在工作上有什么地方没做好，哪些地方今后应该改进，自己有没有武断地作出什么决定等。

对于这每周必做的“功课”，韦尔奇的理由是：若每年检查一次实施成果，则一年只有一次可以改正错误的机会；若每月检查一次，则一年有十二次改正错误的机会；若每天衡量一次，则一年就有三百多次改正错误的机会。所以，衡量次数增多，机会当然会增加。因为韦尔奇的工作实在太忙了，所以只能一周一次。正因为这样，韦尔奇才能领导通用公司一步步走向辉煌，不能不说这和他坚持自我反省有着巨大的关系。一代名主唐太宗曾说："以铜为镜，可以正衣冠；以古为镜，可以见兴替；以人为镜，可以明得失。"中国文化中早就有"镜考"一说，意思是以前人的得失考校自己的行为。在今天，我们也可以采用下面两种简单方法做好自我反省：

首先，每天在笔记本上做记录：我今天哪些地方做得不错？哪些地方做得不太好？为什么没做好？为什么能做好？做好的事情能不能做得更好？做不好以后该怎么做好……

然后给自己作个总结。每天或者每周都要抽出时间来做笔记，并参照上次记录，看看自己是否有进步。

其次，利用每晚临睡前的5—10分钟进行反思。坐下来，参照时间安排表，快速回放一天的情况，并决定第二天必须做的几件事，然后每天早上再用15分钟让自己集中精力，复习你将要完成的任务。

3. 激励自己

绝大多数人不相信他们自己有能力实现愿望，因而他们也从不激励自己，反而是在关键时刻告诉自己："你不行的，还是别做白日梦了""我天生就是如此，再努力也没用了"……

这些消极的语言不仅使他们丧失了自信，同时也封住了他们的潜能。在职场上成功的总是那些善于激励自己的员工。

成功不属于那些妄自菲薄的人。它偏爱那些相信自己并时刻激励自己前行的人。激励自己的方式有很多种：你可以通过各种信息来鼓励你的身心、振奋你的精神——当你知道某些名人有一万个消沉的理由却没有消沉的时候，你就不会因为一些琐事而过分烦恼；当你的周围充满鼓舞人心的事物时，你就能做到在事情发展不顺时继续前进；当你取得一些成就或者进步时，不妨给自己一点奖励，好好激励自己；将你所处行业最顶尖人士的照片贴在办公桌或者床头，树立目标说“我一定要做得像他一样出色”；起床后想象今天是美好的一天，尤其对于那些并不乐观的人，更要坚信这一点，事情往往会沿着我们期望的思路发展。当你坚信某件事时，这种自我暗示将直接影响事情的结果。成功者在做事之前，就相信自己能够取得成功，结果他真的成功了，这是人的意识在起作用。每天只要花 5 分钟进行 3 次有意识的、积极的自我暗示，我们就能够清除掉几个小时、几天，甚至是几周的消极想法。就像我们的身体每天需要不断补充有益于健康的食物一样，我们的心灵也需要补充营养。有规律的、积极的自我暗示能够快速改变一个人多年的习惯、态度及思维方式。

4. 放松自己

早晨，当你挣扎着睁开眼睛，发现天色已经大亮，再一看闹钟——天哪，闹钟停了！手机显示已经 8 点了，你起床准备穿衣服，却怎么也找不到可以换的干净衣服了。匆忙洗漱完毕，你穿着脏衣服一阵风似的冲出家门，关门的时候才发现钥匙关在门里。开车在道上，心里越急，车就越堵。刚坐在办公室的座位上，你发现一份重要的文件怎么也找不到了，急得满头大汗……还不到上午 11 点，你的血压已经直线上升，快要失控了。正在这个时候，旁边的秘书悄悄告诉你：公司的中层据说要发生大变动……太多的压力，使你眼皮直跳、胃痉挛、浑身乏力，明明已经很饿了，中饭时你却怎么也提不起胃口了。

以上这些，是每个管理者都可能遇到的麻烦。身为主管，你所要承担的注定比普通员工多得多。如果不能学会放松自己、缓解压力，你可能会产生严重的心理负担。那么，怎样才能赶走这些办公室坏情绪，给自己疲惫的身心减压呢？

（1）不妨跑到楼顶大声呼喊，把心中的不满和郁闷化作声音全部发泄出来。或者做体育运动，让自己大汗淋漓，然后洗个澡睡一觉。

（2）通过向朋友倾诉减轻压力。当你的坏情绪涌上心头时，不妨先做做深呼吸，伸伸懒腰，之后给朋友打一个电话随便聊聊，你的坏心情也许会在不知不觉中被迅速化解。

（3）听听喜欢的音乐。轻松、欢快的音乐总能把你带到快乐老家，不管心情有多坏，只要听一听自己喜欢的曲子，你就会感受到自己愉快的心跳。当然，如果你能放声高唱出来，你的心情会变得更好。

（4）多往好处去想。当你心情不好时，想想同事曾经对你的赞美，想想老板曾经给你的关爱，你的心情一定会平和很多。

（5）互联网不仅仅是聊天、发邮件的工具，还应该成为你的职业发展的好帮手。网络中的 BBS 论坛可以为你提供职业交流、释疑解惑的平台。运用好互联网，你会发现工作轻松了不少。

（6）使每天的工作保持井然有序。有秩序的生活会使你每天头脑清醒，心情舒畅。每天上班前先调整下状态，然后把自己一天要做的事情按重要性先后列出来。下班前收拾好办公桌也是必要的。

（7）每天至少要保持半个小时的体育锻炼。最好能够每天给自己一点时间做自己喜欢的事情，或者回忆一些开心的往事，读一些有趣的书籍。与其为已经发生且无可挽回的事实破坏我们的情绪，还不如坦然接受事实。

除此之外，放松自己的关键，还在于有一颗平常心，保持一种良好的轻松心态。平时最好提醒自己努力做到：经常微笑、保持一颗童心和幽默感、学会镇静和宽容、身边有两三个好友、助人为乐。

5. 规划自己

企业管理专家认为，个人的职业生涯发展计划可以从三个方向进行规划：纵向发展，即职务等级由低级到高级的提升；横向发展，指在同一层次不同职务之间的调动，发现自身才能与工作的最佳结合点，同时又可以积累各个方面的经验，为以后的发展创造更加有利的条件；向核心方向发展，虽然职务没有晋升，但是却担负了更多的责任，有了更多的机会参与公司的各种决策活动。

调查结果显示，目前国内有超过 1/3 的经理人没有为自己的人生和职业明确定位。没有准确定位和规划的人生，就像是一场没有球门的足球赛，球员和观众都会兴趣索然。想在职业生涯获得稳步的发展，规划好自己，给自己一个定位是非常重要的。

巴尔扎克在年轻时办过印刷厂，当过出版商，经营过木材，开采过废弃的银矿，但所有这些都没有取得成功，还弄得自己债台高筑。这不能不说与他缺乏自知之明、不能正确认识自己有关。后来，他发现了自己的写作天赋，潜心写书，终于成为一位闻名世界的作家。

乔·吉拉德是世界上最伟大的推销员，他连续12年登上世界汽车销售第一的宝座。在35岁之前，乔·吉拉德却是一个彻底的失败者，换了40个工作仍然一事无成，甚至当过小偷。后来乔·吉拉德找到一个职业规划师，规划师认为他最适合做推销工作。乔·吉拉德听从了建议，短短3年之内就成为行业的销售冠军。

人一生的时间和精力都很有限，我们不可能把所有的生活都体验一遍后，再挑选一个最适合自己的位置。争取在尽可能短的时间内，找到最适合自己的位置，充分地发挥自己的才能，才是比较靠谱的一件事。身为管理者，注定要比普通员工付出更多，因为你不仅要管理部下，更要管理自己。只要你能够把上面的几点做好，相信就能够成为一名优秀的管理者。

学而时习之，老板更需充电

这是一个信息爆炸的时代，各类全新的知识呈几何级递增，即使你有三头六臂依然眼花缭乱，所以你得经常充电。眼下也流行起了一个词语叫作“头脑风暴”，就是要人经常充电，只有经常充电，才能在市场中久盛不衰，“风暴”VS“爆炸”，谁的“风暴”来得强，就能够在强烈的“爆炸”中生存下来。凡是头脑里没有“风暴”的，甚至掀不起一点小风的，便只有被这个社会彻底淘汰，扫进路边的垃圾堆。

通用公司总裁杰克·韦尔奇堪称个人和公司的变化大师和创造大师。他从不故步自封，他所领导的企业也一样，在他眼里，没有最好，只有更好。他说，每个人的首要任务就是不断地改变自己，总裁们必须改变自己，这样才能使自己更派得上用场；员工也必须改变学习新技能，这样才能保持足够的创造力，才能跟上时代飞速发展的步伐；公司也必须时刻注意创新发展，停滞不前会使企业走向墓地。

学习，成为企业生死存亡的最重砝码。学习则生，不学习则亡。这不是危言耸听，这就是事实，因为现在的市场环境和格局已经变了。世界面临百年未有之大变局，中国的经济布局出现本质变化：原来依靠资本跑马圈地、依靠人口红利膨胀发展的时代一去不复返了。这一点，相信很多企业已经感受到了：用工越来越难，成本越来越高，竞争越来越激烈。野蛮生长的时代已经过去，精耕细作的时代已经来临；

淘金的时代已经过去，炼金的时代已经来临。

这一切是因为我们处在一个信息和知识爆炸的时代，特别是“互联网+”地来临，使一切变得透明，原来的门槛都已经不存在了。大家基本上在一条起跑线上，只有你无我有、你有我优才能依靠实力胜出。企业之间拼的不仅是硬件，更是软实力，是人才的竞争、技术的竞争，这种竞争是今后发展中最关键的较量。

新知识在不断涌现，专业性越来越强，谁能迅速提高自己的学习力、创新力，谁就获得了竞争力，赢得发展的主动权，在激烈的市场竞争中保持领先的发展优势。

学习，是你运营企业、发展企业持续前进的唯一手段。学习让你有自知之明，拥有丰富知识，掌握充足的信息，提高理论分析能力，就能敏锐地感受环境市场的变化，顺势而为，化危为机。做企业居安思危，你的企业才可能活下来，不断学习持续充电，你才能变得强大。或许你认为相信自己的产品、相信业务员的能力便能成功。事实上，市场早已经没有绝对的蓝海，大家都在红海中拼杀，没有永远的胜利者，你能活多久，在于你拥有多少学习的能力。目前已经不是“活到老学到老”的时代了，而是“学到老才能活到老”。你可以拒绝学习，但你的竞争对手不会拒绝！事实证明：现在不是大鱼吃小鱼的时代，而是快鱼吃慢鱼的时代。一个善于学习的老板，企业才会有活力，肌体才能健康。老板的作风会影响到企业员工，营造出浓厚的学习氛围，使企业成长为学习型企业，企业就会成长壮大。

搭建更大的舞台，是为了让每一个人有上台的机会

我们来想象一下，如果你有一家公司，在这个公司的员工因为能拥有充分发展自己的机会，他们感觉是在为自己工作，因此他们工作积极主动，热情洋溢，他们不仅努力成为最好的自己，还会帮助他人做到最好。那么如果有人来你的公司参观，他们一定会对你的领导力赞不绝口。所以“如何让一个人有机会上台”与“如何成为一个优秀的领导者”其实是一个问题。

面对职场中不断涌现的“90后”“95后”，甚至马上要到来的“00后”，很多管理者认为队伍不好带了，因为这些年轻人不那么“听话”。但是按泰勒·本·沙哈尔博士的观点来看，他们不是“不听话”，而是他们想听的话和以前不同了。年轻一代的职场人比他们的前辈更看重两件事：个人发展和自主权。所以，领导力问题恰恰回应了这个所谓难题：给予年轻的职场人蓬勃发展的机会，远比强调规范与控制、忠诚与服从，更能发挥他们自带的“企业主”精神。

听到这里，你可能马上会问，那我怎么才能成为这样的领导者呢？在介绍方法之前，需要先澄清一个重要的逻辑：如果你想让别人快乐地蓬勃发展，你自己先要成为这样的人。

这主要基于两个原因：首先，只有自己做到了对别人才有说服力，作为管理者很难要求别人做到自己做不到的事情，不仅要知行合一，

还要言行合一。

其次，你在幸福感和个人发展领域的探索，将为你帮助或领导其他人提供重要的经验。换句话说，未来你发挥领导力的方式，可以是成为员工人生的“幸福与发展顾问”，你的幸福力就是你未来的领导力。

1. 让员工感到自己的重要

员工总是希望他们的工作得到管理者的认可，因此，管理者千万别让员工成为被人遗忘的角色，不要忘了员工只有在一个能够受到关注与承认的氛围中才能得到成长。你不应当有这种想法：“他是我的员工，我招他进来是做事的，不是用来奉承的。”

作为企业管理者，如果想让员工充分发挥其潜能，必须让员工感觉到他是企业不可缺少的一分子。如果你不能重视每一个员工，让员工感到自己没被重视，在这个团队里可有可无，没有发挥自己才能的天地，那么，员工便不会把工作作为自己的事业去奋斗，企业也就难以形成强大的凝聚力和竞争力。

那么，管理者要怎样才能让员工感觉到自己的重要性呢？这里要注意以下三点：

（1）记住员工的名字。使一名员工觉得自己重要的最有效的方法，就是将员工的名字清晰地记住，以便在适当的时机叫出员工的名字。千万不要小看这个方法所产生的效应，特别是在一些大的企业，一个管理者记住了下属员工的名字，对员工来说就能带给他心理上的满足与精神上的激励。

（2）有事情多找员工商量。优秀的管理者总是将这样一个概念深入人心：企业的事就是大家的事。尽管员工在重大决策的过程中发挥的作用不大，但让每一个员工都参与进来，特别是在与他们利益有所关联的事情上和他们多商量，听取员工对制度、措施的意见和建议，会让他们产生一种积极的归属感与主人翁责任感。

责任感的形成对自信心的树立起到了推波助澜的作用，也使员工更加明确自己在企业中所处的位置，更加珍视自己辛勤劳动与业绩的取得。

（3）给员工一个深情的拥抱。自信心的取得是在一个人经历磨难并且战胜它后才得以实现的。你不妨给员工一个深情的拥抱，然后轻轻地拍拍他们的肩头，并加上一句"你一定能干好的""我相信你一定行的"，这样做会让你的员工有上乘的表现，做出连他们自己都无法相信的业绩。

进行感情的沟通与交流，可以拉近管理者与员工之间的关系。但是感情的表达不能太做作，要让员工感觉到你的真诚，这样才不会起到相反的作用。感情的沟通方式也因人而异，作为企业管理者则必须了解自己的员工的性格、爱好，否则也不会收到好的效果，表达感情要把握分寸，不然也会适得其反。

2. 成就感激发员工创造力

作为一个管理者，你要想让富有创造力的员工全身心投入工作，就必须使他们对所从事的工作满怀兴趣，并持续保持张力，否则，他就会丧失工作的动力，从而不能发挥本身的潜力。

某电子公司研发部经理要求他的研究人员与顾客之间保持紧密的关系，这不仅仅使他们了解顾客的需要，当他们研制成功一款新产品时，也可使客户领略到这份成功的喜悦。尤其是当某员工提出一个不俗的研究设想时，就应委以重任或给予资金支持以帮助他们完成这项工作。委任革新者不仅能激发他的工作能力，并能证明他能否承担更重要的责任。

许多富有创造力的人往往能通过自己的信仰方式获得成就感和满足感。他们自我激励，但别人赏识他们完成的工作也同样重要。对于企业管理者而言，若能以非正式形式经常赞赏员工的工作，最有效的方法之一就是经常深入基层。富有创造力的人，其自由性是很强的，因此，他们需要一个不拘形式的工作环境，以便自由地彼此闲谈某个概念或问题，同时需要避开存在于各个部门或办公室的骚扰。他们其中的大部分人都需要有个私密的工作环境。

但是，革新者的创新价值是难以估算的，因此，在某些企业，他们常常比其他部门的员工获得较少的加薪和奖金，但他们需要感到自己所从事的工作与别人的具有同样价值。作为他们的管理者，你应该竭尽所能为他们争取津贴和福利。一旦有人提出创新的建议时，就应从该创新事物为企业赚取的利润中提取一部分奖励他。从长远来看，这种方式所产生的价值是不可估量的。

一般而言，富有创造性的工作往往需要每周工作 60—70 小时。在此期间，灵活的时间安排是非常重要的。如果你的处理手法欠灵活，就有可能毁掉你重要的资产。你应谨记合作是双向的，如果稍有延迟就对他们加以制裁，那么下次当你需要在限期内完成任务时，他们的工作积极性就会很大程度地降低甚至会拒绝加班加点。

需要注意的是，一些富有创造力甚至是具有超凡创造力的员工，往往并没有充分发挥他们的潜力。无数研究结果表明，大部分人一般只发挥 20%—30% 的能力，但若能激发他们的工作热忱和动力，就能发挥 80%—90% 的潜力。由于不少员工没有尽展其能，不知降低了多少生产率，流失了多少科研设想，这些损失都是无法估量的。

员工未能达到预期的表现，可能是以下 3 个原因：

（1）员工本人不愿意干好他的工作。

（2）他不懂得怎样去干。

（3）他没有机会发挥自己的才能。多数情况下，员工本身是希望干好他的工作的，但这需要更多的信息和培训。当你聘用他时，你是否说明了你对他的所有要求，以及如何评定他的工作价值？他所接受的训练是否足以满足工作的要求？此外，也许是由于超出他控制范围内的因素而妨碍了他充分发挥潜力，比如，其他部门的工作拖拉可能直接影响到他的工作。

以下 3 种方法可以改善员工的工作表现：

（1）重新规定工作任务。有些时候，调派某员工到另一部门是不切实际的。在这种情况下，你应根据他的能力来重新规定他的工作。

（2）提供额外培训。企业可通过为员工提供有效的培训计划，防止员工流失。

（3）让他们感到你很关心他们。你需要让员工知道你很关心他们，如果你未能使他们感觉到这一点，便会影响他们的自信心，毁掉他们的创造力。

一个优秀的管理者要想使自己的员工都努力工作，发挥出他们自身的潜力，就要让员工在这个群体中找到归宿感、成就感，这才是最成功的做法。要知道，给员工犯错的机会，就是给员工成长的机会。

不犯错的代价，就是平庸

美国职场专家、作家凯瑟琳·布鲁克斯曾说：如果你没有时不时地栽个跟头，那就证明你没有在尝试新事物，也就是说你没有拼尽全力。只有处在舒适区，才会对什么事情都得心应手。一旦你选择离开舒适区，那就意味着你必须时刻面对着失败的风险。

任正非在南油集团下属的一家电子公司任副总经理的时候，曾被人骗去了200多万元的货款。就是在种情况下，任正非离开了南油集团。

43岁的任正非找朋友凑了2.1万元在深圳注册成立了华为技术有限公司，成为香港康力公司的HAX模拟交换机的代理商。在做代理的过程中任正非看到了中国电信行业对程控交换机的渴望，同时他也看到整个市场被跨国公司所把持。军人出身的任正非似乎天生具有比一般人更加强烈的爱国热情和保卫领土的敏感和决心，而他在那个时候能够认识到“技术是企业的根本”，便从此和“代理商”这个身份告别，踏上了自主研发这个崎岖的道路。也正因为这个决定，才有了如今的华为集团。

大多数时候，怕犯错的结果只能是全面的平庸。其实，只要换个角度想问题，错误就会变得可爱起来。伟大的画家毕加索在画出《格尔尼卡》之前画了很多草图，许多草图都是画了一部分就画不下去了。在旁人看来，这是毕加索的失败，但正是这些草图，让毕加索找到了最好的构图方式和表现形式，最后画出了伟大的《格尔尼卡》。正如毕加索和任正非一样，你并不能确保自己所做的每一件事情都能成功，但你能确保自己在不断的尝试中，越来越接近成功。

有一句话听起来有些鸡汤，可确实是至理名言：人生没有白走的路，每一步都算数。不断的犯错，说明你在不断地尝试，这是成功的必经之路。就像爱迪生在发明电灯后留下的那句名言：我并没有失败，我只是发现了10000种行不通的方式。

颜值经济当道的“她时代”是一片新兴的蓝海，只有围绕女性群体开展的经济模式才能真正有更多扩展和前景。也希望借助女性朋友们的“她力量”，能真正推动社会进程，让我们可以生活在一个更加开放、多元的世界。